Elvis & Jesus

Die Texte von **Andreas Mundt** laden zum Nachdenken und zum Schmunzeln ein. Und immer wieder lassen sie die Leser stutzen.
Merkwürdige Figuren tummeln sich in den seltsamen Geschichten, mal auf tragische, mal auf skurril-heitere Art.
Andreas Mundt lebt mit seiner Frau und drei Goldfischen in Lilienthal bei Bremen. Wenn er mal nicht schreibt, arbeitet er als Heilerziehungspfleger und trifft dabei immer wieder auf inspirierende und interessante Menschen.

Besuchen Sie den Autor auf seiner Homepage:
https://andreas-mundt.jimdo.com/

Andreas Mundt

Elvis & Jesus

Von Schweinen und Menschen

Edition Falkenberg

Titelabbildung: fotolia

1. Auflage 2018

ISBN 978-3-95494-174-2
www.edition-falkenberg.de

Inhalt

Einige mitwirkende Personen 6
Vorschau auf die Mitte des Buches 7
Merle 9
Sven 14
Schweinemast, Drugs and Rock 'n' Roll 19
Kurt Cobain und Elvis Presley 23
Merle erbt 28
Pignapping 34
Single-Malt-Whiskey 39
Arche Noah 43
Jesus 49
Elvis trifft die Queen 54
Jesus und Merle 59
Heile Welt 65
Happy End – Ach nee, doch nicht 65
Ein trauriges Schwein 70
Gesucht und gefunden 75
Schweine fliegen nicht 80
Die Königin der Meere 84
Krögers Geschichte 90
Frischer Lack für die Königin 95
Flaschenpost 99
Auf See 104
Das Gelobte Land 109
Blaubeeren und Stechmücken 114
Oskar 120
Pig-Island 126
Abschied 131
Was noch geschah 136

Einige mitwirkende Personen

Merle Speckmann, geb. 16.08.1974
Frank, Merles Bruder, geb. 25.09.1976
Sven, geb. 15.11.1970
Der alte Kröger, geb. 08.01.1935
Elvis Presley, der King of Rock ’n’ Roll, geb. ebenfalls am 08.01.1935
Kurt Cobain, geb. 20.02.1967
Das Schwein Elvis, geb. 2006, irgendwann im März

Vorschau auf die Mitte des Buches

(Naja, nicht exakt auf die Mitte, eher auf den hinteren Teil im vorletzten Viertel)

Ein Ruderboot ohne Ruder dümpelte hilflos und verloren auf dem Meer. Die See lag spiegelglatt und still da. »Plong«, machte es leise, als eine herumtreibende Bierflasche mit Bügelverschluss gegen den Holzbug stieß. Niemand interessierte sich dafür. Sven kraulte dem Schwein Elvis die Borsten. Beide hörten etwas gelangweilt zu, wie Jesus ihnen predigte. Natürlich war das nicht der berühmte Heiland aus der Bibel. Nein, dieser Jesus war eigentlich ein Kleinkrimineller aus Norddeutschland. »Wahrlich, ich sage euch«, sprach er feierlich und hob die Arme, »auch wenn ihr hungert und dürstet, fürchtet euch nicht.«

»Kannst du mal fünf Minuten die Klappe halten?« Merle saß auf der Ruderbank hinter Sven und Elvis. »Du nervst!«

»Wahrhaftig, ich sage euch, wenn die Zeit reif ist, werden wir das Gelobte Land erblicken.«

Kurt Cobain, den alle nur Günther nannten, war auch an Bord. Der sagte aber nichts. Er lag auf dem Rücken und schnarchte.

Merle

»Ach nein, wie niedlich!« Ein rosa Schweineschnäuzchen hob von innen den Deckel an und schob sich neugierig über den Rand des Kartons. Merle griff nach dem Ferkelchen und drückte es inbrünstig an ihre Kinderbrust. »Soooo süß!«, jubelte sie und strahlte über das ganze Gesicht. »Danke, lieber Papa!« Mit dem quiekenden Wesen auf dem Arm lief sie davon.

»Musste das jetzt sein?«, fragte die Mutter. »Schon wieder so ein Vieh im Haus?«

»Ach Karin, lass der Kleinen doch die Freude.« Schwerfällig ließ sich Karl-Heinz Speckmann auf einen Küchenstuhl fallen. »Sie war so traurig.«

»Dauernd dasselbe Theater. Bald ist das Biest genauso groß wie die anderen. Und dann?«

»Dann nehme ich es eben wieder mit und bringe den Kindern ein Neues. Wie immer.«

Er rückte mit dem Stuhl an den Tisch und quetschte seinen dicken Bauch ein. »Was hast du heute Schönes gekocht?«

Karin holte eine Pfanne vom Herd und schob ihm zwei riesige Schnitzel auf den Teller.

»Gib mal ruhig drei, ich habe Hunger.«

»Es gibt auch noch Kartoffelpüree und Erbsen.«

»Ach nee, lass mal.«

Merle lachte im Flur und das Ferkel quiekte.

»Haben die Kinder schon gegessen?«

»Der Kleine schläft. Und die Große wird sich jetzt kaum von dem Viech trennen können. Du solltest sie mal mit in den Betrieb nehmen.«

Der ›Betrieb‹ war eine riesige Schweinezucht und -mastanlage. Dort lebten 3.000 Tiere. Allerdings nie sehr lange. Wenn man vernünftiges Futter und die richtigen Präparate einsetzte, erreichte das Mastvieh schnell das notwendige Schlachtgewicht.

»Du hast gesehen, wie sie sich über das Tierchen gefreut hat. Sie ist noch viel zu klein, um mitzukommen.«

Merle riss die Küchentür auf. Glücklich plapperte sie: »Das Schweinchen ist so niedlich. Ich glaube, es hat mich schon ein bisschen lieb. Stellt euch mal vor, es mag gern im Puppenwagen liegen. Und mit einer Schleife auf dem Kopf sieht es aus wie ... oh, es gibt Schnitzel.«

»Ja, mein Liebling, setzt dich zu uns.«

Die Kleine kletterte auf den Stuhl. »Ich kann aber nicht lange bleiben. Schweinchen möchte Verstecken spielen.« Sie fing an zu kichern. »Ist das nicht lustig? Ich nenne es ›Schweinchen‹. Dann habe ich ein Schweinchen, das auch ›Schweinchen‹ heißt.«

Die Mutter schob ihr einen Teller hin.

»Iiih, Kartoffelmatsch!«

»Man sagt nicht ›iiih‹ zum Essen.«

»Ich mag lieber Schnitzel.«

»Wer Schnitzel möchte, muss auch Püree mit Erbsen nehmen.«

»Liebling, weißt du eigentlich, woraus Kartoffelpüree gemacht wird?«, mischte der Vater sich ins Gespräch.

»Aus Kartoffeln.«

»Du bist ein kluges Kind!«, lobte er. »Und woraus werden Schnitzel gemacht?«

»Aus Fleisch natürlich, das weiß doch jeder.«

»Ja, genau, aus Fleisch!«, lachte er zufrieden und warf seiner Frau einen Blick zu, der bedeuteten sollte: »Siehst du? Sie ist viel zu klein.«

Der Großvater von Karl-Heinz war ein gewöhnlicher Bauer gewesen. Der Vater hatte sich dann auf die Schweinemast spezialisiert, doch richtig professionalisiert hatte sich erst Karl-Heinz. Unter seiner Leitung war das Familienunternehmen zu dem geworden, was es heute war, nämlich ein lukrativer Produktionsbetrieb, der kaum noch etwas mit der klassischen Landwirtschaft zu tun hatte. Schweinezucht und -mast in industriellem Ausmaß. Karl-Heinz dachte bereits darüber nach, eine eigene Großschlachterei aufzubauen. Dann könnte er sein Fleisch selbst vermarkten. Ihm waren sogar schon ein paar griffige

Werbeslogans eingefallen: »Eine Wurst, die ist fein – doch von Speckmann muss sie sein.« Beinahe noch besser gefiel ihm: »Prima Wurst von Speckmann! Qualität, die schmeckt man!« Das hatte Schwung, darin steckte Musik.

Schon nach kurzer Zeit gehörte Schweinchen zur Familie. Mutter Speckmann wies dem Tier allerdings die klischeeartige Rolle des ungeliebten Stiefkindes zu. Das glichen Merle und Frank wieder aus, indem sie ihren Schatz mit Liebe überschütteten. Bedingungslos und ohne jede Einschränkung. Schweinchen durfte die Spielsachen zerkauen und ihre Lieblingsbücher zerfetzen, es durfte Süßigkeiten plündern und den Kindern mit den scharfkantigen Klauen versehentlich Kratzer zufügen. Schweinchen durfte alles. Nur nicht die Mutter ärgern.

Einmal stritten die Geschwister darüber, wen das Tier wohl lieber habe. Die Stimmen wurden lauter und wahrscheinlich wäre es zu einer richtigen Schlägerei gekommen, wenn Schweinchen nicht angefangen hätte, laut zu quieken.

»Es lacht uns aus«, stellte Frank fachmännisch fest.

»Ich glaube, du hast recht.« Merle gab Schweinchen einen Kuss auf die Schnauze. »Jetzt fahren wir dich spazieren.« Sie setzte das Tier in den Bollerwagen und gemeinsam zogen die Kinder ihn über den Hof. Noch vor zwei Wochen konnten sie es bequem im Puppenwagen spazieren fahren. Doch dafür war es mittlerweile zu groß und zu schwer geworden.

Merle, Frank und das Ferkel waren ein glückliches Trio. Sie rannten lachend und quiekend durch ihre fröhliche Kinderwelt und hatten viel Spaß miteinander. An warmen Sommertagen füllte die Mutter das Planschbecken und die Geschwister tobten und plantschten stundenlang mit Schweinchen im Wasser herum. Wenn das Becken nur ein wenig tiefer gewesen wäre, hätte Merle dem Tier das Schwimmen beibringen können.

Die Speckmann-Kinder waren die Einzigen in der Nachbarschaft, die ein Schwein als Haustier haben durften. Nachmittags bekamen sie oft Besuch von Merles Klassenkameraden. Obwohl sie eigentlich Schweinchen besuchten und nicht Merle, war sie doch glücklich und stolz.

Kurz vor den Ferien kam Merle einmal sehr wütend nachhause.

»Die doofe Sandra hat gesagt, dass aus Schweinchen Wurst gemacht werden soll, das hat sie gesagt, die blöde Ziege.«

Mama runzelte die Stirn.

»Und dann hat sie noch gesagt, dass es totgemacht und aufgegessen werden soll. Und dass sie sich schon auf die leckeren Schnitzel freut.«

»Ja, spinnt die denn?«, schimpfte Frank. »Schweinchen darf man doch nicht aufessen!«

»Das hab ich ihr auch gesagt. Aber da hat die Doofe nur gelacht.«

»Und dann?«

»Na, was wohl? Ich habe ihr was auf die Nase gegeben. Da hat sie nicht mehr gelacht.«

»Mama, Schweinchen wird doch nicht totgemacht und aufgegessen, oder?«

»Ich habe jetzt keine Zeit für sowas. Besprecht das mit Papa, wenn er nachhause kommt.«

Sie stand auf und ging. Das sollte mal schön der Karl-Heinz den Kindern erklären.

Am Nachmittag versuchten Merle und Frank, dem Ferkel beizubringen, durch einen Reifen zu springen. Darüber geriet das unerfreuliche Thema der Nutztierverwertung vorläufig in Vergessenheit.

Jeden Tag nach der Schule lief das Mädchen zum Stall, um Schweinchen herauszuholen. Denn seit einer Weile durfte das Tier nicht mehr ins Haus. Mutter sagte, es sei zu groß und mache zu viel Dreck.

Doch an einem sonnigen Mittwoch war der Stall leer. Merle rief und suchte den tierischen Spielkameraden überall. Schließlich saß sie auf Mutters Schoß und weinte und weinte. Frank stand ratlos daneben und streichelte den Rücken der Schwester. Mama strich ihr tröstend über das Haar, schaukelte sie sanft vor und zurück und murmelte: »Meine Kleine. Meine arme, arme Merle.«

Die Küchentür wurde geöffnet, Papa kam herein und ließ sich schwerfällig auf einen Stuhl fallen. »Was ist los?«, fragte er schnaufend.

»Na, was glaubst du?«

Merle hob das verheulte Gesicht und rief verzweifelt: »Schweinchen ist fort.«

»Ach ja … ich meine: Oje! Komm zu mir und lass dich trösten.«

Sie kletterte auf seinen Schoß und schmiegte sich an den dicken Bauch. Ihr Schluchzen wurde nach einer Weile ruhiger und verebbte schließlich ganz. Doch plötzlich fuhr Merle hoch und fragte: »Wird Schweinchen jetzt umgebracht und aufgegessen?«

»Ganz sicher nicht, mein Engelchen.« Er strich ihr über den Kopf. »Wie kommst du denn darauf. Niemand wird dem Tier etwas antun.«

»Aber wo ist es bloß?«

»Weißt du denn gar nicht, was mit Schweinen passiert, wenn sie zu groß werden? Habe ich dir das nie erzählt?«

Mutter runzelte die Stirn und zischte Papa etwas zu. Der hörte sie nicht und verkündete fröhlich: »Sie fliegen in die Karibik.«

Mutter hielt sich die Augen zu und stöhnte leise. Merle beachtete sie nicht weiter und fragte: »Ist das wahr? Was machen die da?«

»Urlaub natürlich! Was denn sonst?«, behauptete Papa, als sei das die selbstverständlichste Sache der Welt. »Sie sonnen sich an schneeweißen Sandstränden und planschen im blauen Meer.«

»Jetzt schwindelst du aber, Papa.«

»Nein, gar nicht. Was sollte man sonst mit all den Schweinen anfangen, die zu groß und zu fett sind? Die werden alle auf die Bahamas geflogen. Dort können sie es sich gut gehen lassen und ihr Leben genießen.«

Merle staunte ihren Vater mit offenem Mund an.

»So, nun bin ich aber hungrig.« Er hob sie vom Schoß und wandte sich an seine Frau: »Sind noch Koteletts von heute Mittag da?«

»Ja, ein paar. Möchtest du Bratkartoffeln und Salat dazu?«

»Ach nee, lass mal.«

Am nächsten Tag brachte Papa Speckmann ein neues Ferkel mit nachhause. Und nach einem Jahr wieder. So ging es Jahr für Jahr. Die Kinder wurden größer, und während Franks Interesse an den Tieren langsam verblasste, brach Merle jedes Mal aufs Neue in Entzücken aus. Auch als sie schon anfing, sich für Frauensachen zu interessieren, wie Mode, Make-up und Handtaschen.

Sven

Sven lungerte auf dem durchgesessenen Sofa herum. Neben ihm saß seine Mutter und starrte gebannt in den Fernseher. Dort marschierte eine Reihe von Elvis-Imitatoren auf. Sie trugen weiße Glitzeranzüge und mächtige, schwarze Haartollen. Die meisten von ihnen hatten einen kleinen Bauchansatz. Sven schaute seine Mutter von der Seite an. Der echte Elvis war schon seit zehn Jahren tot. Als er starb, hatte sie geweint. Das wusste Sven noch ganz genau, denn das war der Abend gewesen, an dem er vom Dach des Hauses gesprungen war. Er hatte ausprobieren wollen, ob er fliegen konnte. So wie Superman. Zwar wurde im Allgemeinen behauptet, das sei nicht möglich, doch wer konnte das schon so genau wissen? Nach der Landung auf dem Gehweg hatte er verwundert sein Bein gemustert. Es schien plötzlich über ein zusätzliches Gelenk zu verfügen. An einer Stelle, wo es von der Natur nicht vorgesehen war. Außerdem war der untere Teil auf eine abartige, groteske Art zur Seite gedreht. Neugierig hatte Sven eine Weile darauf gewartet, ob das kaputte Bein Schmerz verursachen würde, doch er spürte nichts. Dummerweise war er trotzdem nicht in der Lage aufzustehen, denn sein Bein war nicht mehr zu gebrauchen gewesen.

Bald darauf hatte seine Mutter neben ihm am Krankenhausbett gesessen und geweint. Weil sein Bein kaputt und Elvis tot war. Und weil Sven ihr dauernd so viel Kummer bereitete und auf eine merkwürdige Weise irgendwie verrückt war. Oder so ähnlich. So ganz genau wusste Sven das nicht mehr. Immerhin waren inzwischen zehn Jahre vergangen.

Nun saß der inzwischen Siebzehnjährige auf dem Sofa neben seiner Mutter, sah mit ihr den albernen Elvissen zu und wartete eigentlich bloß darauf, dass sie endlich einschlief. Dann wollte er sich aus dem Haus schleichen und im Kiosk an der Ecke einbrechen. Schnaps und Zigaretten ließen sich wunderbar auf dem Schulhof verkaufen. Doch die Glitzertypen hielten seine Mutter wach. Ein besonders nervöser Elvis trat vor, schloss andächtig die Augen und stimmte etwas zittrig ›Love me tender‹ an.

»Willst du nicht mal schlafen gehen?«

»Ach, mein lieber Junge.« Sie streckte sich und tätschelte ihm die Wange.

Svens Mutter war möglicherweise die Einzige, die noch immer nicht bemerkt hatte, dass ihr Sohn gar kein ›lieber Junge‹ war. Ganz ahnungslos konnte sie aber auch nicht sein. Schon vor Jahren hatte sie ihm einmal gesagt: »Du warst nie wie die anderen Kinder. Du warst immer irgendwie anders.« Und sie hatte ihm erzählt, dass er auf eine Weise anders war, die sein Vater wohl nicht ertragen konnte. Der hatte sich nämlich aus dem Staub gemacht, als Sven noch ein Knirps war. Kurz nach dem Sprung vom Hausdach. Dies wäre vermutlich der richtige Moment gewesen, um Betroffenheit oder Traurigkeit zu spüren. Doch es hatte ihn kalt gelassen. Es war ihm völlig egal gewesen.

Der nervöse Elvis hingegen fing nun beinahe an, vor Rührung zu weinen.

»Was heult der so?«

»Das verstehst du nicht.«

Da hatte Mutter mal recht. Das verstand er wirklich nicht. Gefühlsduseleien jeder Art waren ihm ein unlösbares Rätsel. Möglicherweise hing seine Unempfänglichkeit für Sentimentalitäten mit einer merkwürdigen Laune der Natur zusammen: Sven kannte weder seelische noch körperliche, noch irgendeine andere Art von Schmerzen. Er hatte noch nie gelitten. Der Junge wusste einfach nicht, wie es sich anfühlte, wenn etwas weh tat. Ein paar Tage vor dem Sprung war er gestolpert und auf die Knie gefallen. Da hatte er überrascht zugesehen, wie rotes Wasser aus der frischen Wunde sickerte, und ohne mit der Wimper zu zucken, hatte er den Dreck und kleine Steinchen aus dem Fleisch gepult. Und auch nach seinem gescheiterten Flugversuch hatte er nichts gespürt. Da hätte er Schmerz erwartet, zumal die freundlichen Krankenschwestern und die strengen Ärzte dauernd danach fragten. Um das große Rätsel zu lösen, verletzte er sich eine Zeit lang selbst. Er schlug mit dem Kopf gegen die Wand, presste die flache Hand auf die heiße Herdplatte, stach sich Nadeln durch seine Haut. Es floss eine Menge Blut – doch keine einzige Träne.

Wie sollte ein Mensch Mitleid entwickeln, wenn er noch nicht einmal wusste, was Leid war? Schon im Kindergarten hatte Sven manchmal den Jungen und Mädchen die Handgelenke verdreht und fasziniert beobachtet, wie sich ihre Gesichter gequält verzogen bevor sie endlich losplärrten. Das Geheimnis ließ sich bedauerlicherweise nicht aufklären – aber nutzen. Wenn ein Kind etwas besaß, was er sich wünschte, verprügelte er es, bis er bekam, was er wollte. Für Sven gab es keinen Grund anders zu handeln, denn er ahnte nicht einmal ansatzweise, was er den anderen damit antat. Dabei war er kein böser Mensch im klassischen Sinn, er kannte bloß nicht die Bedeutung von dieser komischen Sache, die man nicht sehen oder anfassen konnte und die ›Schmerz‹ genannt wurde. Er scheute auch nie davor, sich mit Stärkeren zu prügeln. Sie konnten ihm ja nichts anhaben. Nein, ein ›lieber Junge‹ war er wirklich nicht. Er wusste nicht einmal so richtig, was das eigentlich sein sollte. In der Schule war er schnell als skrupelloser und brutaler Schläger verschrien. Einmal ging er auf einen drei Jahre älteren Burschen los, weil der ihn ›Hinkebein‹ genannt hatte. Als der sich wehrte und dem Angreifer einen kräftigen Faustschlag ins Gesicht schmetterte, rückte Sven seine frisch gebrochene Nase mit einem kurzen Daumendruck wieder in die ursprüngliche Position zurück. Dabei war deutlich ein lautes Knacken zu hören. Sein Gegner staunte über die eiskalte Reaktion und wurde anschließend von einer Salve an Tritten und Boxhieben in die Flucht gejagt. Seitdem galt Sven als unbesiegbar.

Und nun saß er da und sah den Elvissen dabei zu, wie sie sich lächerlich machten.

Seine Mutter murmelte irgendetwas und fing leise an zu schnarchen.

»Das wurde ja auch mal Zeit«, flüsterte er und humpelte aus dem Haus. In aller Ruhe machte er nun den Bruch und kehrte zurück zu seinem Alibi. Nachdem er das Fernsehgerät ausgeschaltet hatte, hauchte er der Mutter mit falscher Fürsorglichkeit zu: »Mama, du schläfst ja schon. Geh doch ins Bett.«

Von seinen Schulkameraden erpresste er oft ›Schutzgelder‹. Zahlten sie nicht, setzte es Prügel. Dabei kam ihm sein Ruf, unbesiegbar zu sein, sehr zugute. Ebenso der Umstand, dass ihm jede Art von menschlicher Empathie fehlte. Als die Schulleitung endlich wagte, Sven rauszuwerfen, bekümmerte ihn das gar nicht. Es sah nicht so aus, als würde er jemals einen Schulabschluss benötigen. Eine glänzende Karriere als übler Schläger und Verbrecher schien gesichert.

Nachdem seine Schullaufbahn also beendet worden war, übrigens sehr zum Leidwesen seiner besorgten und liebevollen Mutter, baute Sven seine kriminellen Geschäfte fleißig aus. Natürlich hatte das unweigerlich zu Folge, dass er es häufig mit der Polizei zu tun bekam. Er verbrachte beinahe ebenso viel Zeit im Gefängnis wie in Freiheit. Auch wenn er unter den Gesetzesbrechern Hochachtung und Respekt genoss, zog er es vor, die Gefängnisaufenthalte auf ein Mindestmaß zu beschränken. Also nahm er gelegentlich auch ganz legale Jobs an. Mal trug er Zeitungen aus, mal half er auf Baustellen aus. Allerdings fand er keine wirklich gut bezahlte Anstellung, was vermutlich mit dem fehlenden Schulabschluss zusammenhing. Und mit den häufigen Gefängnisaufenthalten.

Nachdem er bei seiner Mutter ausgezogen war, brauchte er ein regelmäßiges Einkommen, um die Miete zu bezahlen. Da traf es sich gut, dass er einen relativ gut bezahlten Aushilfsjob im Schlachthof bekam. Svens Aufgabe war es, das nervöse Schlachtvieh aus den Transportern zur Abfertigung zu treiben. Das war eine Arbeit, die ihm nicht besonders schwer fiel. Mit den Elektroschockern war es ein Leichtes, die Tiere auf den richtigen Weg zu bringen.

In den Pausen sah Sven oft dabei zu, wie die Metzger die Schweine mit einem Stromschlag betäubten. Zuckend fielen die Tiere zu Boden, wo ihnen die Kehlen durchgeschnitten wurden. Dabei war Sven keineswegs ein sadistischer oder schadenfroher Zaungast, er war eher neugierig und interessiert. Denn das Geheimnis von Schmerz oder Angst hatte er ebenso wenig lösen können wie das des Mitgefühls oder der zwischenmenschlichen Nähe.

»Willst du auch mal?« Ihm wurde die Stromzange zur Betäubung gereicht.

»Na klar, warum nicht?« Sven griff die Zange und humpelte zum nächsten Schwein. Er schaute dem Tier in die Augen. Und er sah Furcht. Tierische Panik, die sich von der menschlichen kaum unterschied. Sven legte die Zange an, drückte den Auslöser, woraufhin Schweinchen zuckend zusammenbrach.

Wenige Tage später wurde Sven befördert. Vom Treiber zum Betäuber. Obwohl diese Arbeit eigentlich nur von ausgebildeten Fachkräften übernommen werden durfte. Doch Sven war billiger als die Profis. Und schneller.

Im Schlachthof verdiente er bald genügend Geld, um im Alltag über die Runden zu kommen. Krumme Dinger waren nur noch nötig, wenn ihm der Sinn nach ein bisschen Wohlstand und Luxus stand. Wenn er mal Urlaub machen oder sich etwas Schickes zum Anziehen kaufen wollte. Hin und wieder drehte er also noch seine alte ›Schutzgeldrunde‹ oder nahm ein paar Leutchen aus, die ihm gern ihre Barschaften überließen, wenn er bloß davon absah, sie zu verprügeln. Das hatte natürlich zur Folge, dass er manchmal den ersehnten Urlaub im Gefängnis statt auf Mallorca verbringen musste. Seine Mutter besuchte ihn regelmäßig dort, denn wie sie es schon damals gesagt hatte: Er konnte ja nichts dafür.

Schweinemast, Drugs and Rock ’n’ Roll

Schnitzel wurden aus Fleisch gemacht. Und Fleisch hatte nichts mit den freundlichen Wesen zu tun, die Merle kannte. Natürlich konnte sie diese naive Illusion nicht in die Welt der Erwachsenen retten. »Aber Papa, du hast doch gesagt …«, versuchte sie es mit Tränen in den Augen.

»Ach Kindchen, es sind nur Schweine.«

Der Vater nahm Merle nun häufig mit in den Betrieb. Sie interessierte sich für die Zucht- und Mastanlage. Leidenschaftlich und geschickt setzte sie sich dafür ein, dass es ihren tierischen Freunden so gut wie möglich ging. Sie konnte Papa überreden, die enge Boxenhaltung durch großzügige Freilaufställe zu ersetzen. Sie besorgte Beschäftigungsmaterial für die Borstentiere. Es gab Kunststoffzylinder mit Überraschungen im Inneren und Bälle oder Glöckchen, die an Ketten in den Stall gehängt wurden. Den Schweinen gefielen diese Freizeitangebote. Und auch ihr Vater war von den Neuerungen im Betrieb begeistert. Dadurch, dass sich die Tiere nun nicht mehr langweilten, kam es kaum noch zu Aggressionen und Verhaltensauffälligkeiten wie Schwanz- oder Ohrenbissen. Die Tiere wirkten glücklich und zufrieden. Entsprechend freundlich und entspannt war die Stimmung unter ihnen. »Meine Tochter«, pflegte Merles Vater stolz zu sagen, »die versteht etwas von Schweinehaltung. Das liegt ihr einfach im Blut.«

Bloß wenn die Transporter die fetten Tiere abholten und zum Schlachthof brachten, verschwand die Harmonie zwischen den beiden. Merle warf ihm Kaltblütigkeit und Herzlosigkeit vor.

»Kindchen, es sind Schweine. Ihr Lebenszweck ist es, uns zu ernähren.«

»Hörst du nicht, wie sie weinen? Es sind meine Freunde! Sie würden niemals jemandem etwas antun! Wie kannst du nur so grausam sein?«

»Red nicht so einen Unsinn. Es ist Nutzvieh! Wenn du damit ein Problem hast, bleib zu Hause, spiel mit deinen Puppen.«

Doch das wollte sie auf gar keinen Fall. Sie musste weiterhin mit in den Betrieb kommen. Wie sollte sie sonst dafür sorgen, dass es ihren Freunden gut ging? Wenigstens bis sie das Schlachtgewicht erreichten, sollten sie ein möglichst glückliches Schweineleben führen.

An Tagen, an denen die schlachtreifen Tiere abgeholt wurden, verkroch Merle sich im Büro. Oder sie blieb gleich ganz zu Hause. Ihr Vater respektierte das. Immerhin stellte sie die Verwertung der Schweine nicht mehr grundsätzlich infrage. Auch dass die eigene Tochter eine Vegetarierin wurde (»Pfui!«), konnte Karl-Heinz Speckmann verkraften. Er wusste ja, dass sein Mädchen etwas sensibel war. Wenn keine Tiertransporte geplant waren, kam sie weiterhin gern in den Betrieb und kümmerte sich um die Optimierung der Schweinehaltung. So wurde sie ihrem Vater immer mehr eine wertvolle Stütze und schließlich eine echte Fachkraft in der Schweinezucht und -mastanlage.

Merles Bruder schlug da einen ganz anderen Weg ein. Frank soff billiges Dosenbier und kiffte so viel wie möglich. Er liebte laute Rockmusik und hasste alles, was nach Spießertum roch. Er schwärmte für AC/DC, Greenday und Metallica. Und über allen schwebten heilig die Größten der Großen: Nirvana! Kurt Cobain, der Sänger dieser Wahnsinnsband, war ein starker Typ. Der war cool und hatte voll den Durchblick. Und starke Mucke konnte er auch machen. Frank wusste: Im Grunde waren Kurt und er miteinander verbunden. So seelisch, irgendwie.

Mit den Eltern sprach er nur noch wenige Worte. »Ey, krass!«, »Kein Bock, ey!« oder einfach nur »Boah, ey!«

Zu seiner Schwester war er etwas freundlicher, aber ebenfalls eher wortkarg. Ihr gegenüber äußerte er sich in der Regel ungefähr so: »Ey, is ja derb.« Oder »Zucker, ey, echt Zucker!«

Kalle, ein guter Kumpel von Frank, hatte ihm einmal aus Spaß erzählt, dass Bananenschalen eine ähnliche Wirkung hätten wie feinstes Gras. Daraufhin trocknete er die Schalen auf dem Heizkörper und baute aus ihnen eine Menge Joints. Als er sie rauchte, wurde ihm speiübel und er kotzte in den Hausflur. Für die Mutter hatte er bloß die wenig tröstlichen Worte übrig: »Boah, ey, mach keinen Stress, Alte.« Dann verließ er das Haus und sie hatte keine andere Wahl, als die Folgen des Bananenschalenexperimentes widerwillig und angeekelt zu beseitigen.

Ein paar Tage später traf Frank erneut seinen Freund. Diesmal erzählte Kalle ihm, dass in Schweinedung ganz bestimmt und auf jeden Fall eine Substanz enthalten sei, die THC, dem Wirkstoff in Cannabis, sehr ähnlich sei. Daraufhin besuchte Frank den Betrieb des Vaters und nahm einen Eimer Schweinescheiße mit nachhause. Im elterlichen Backofen trocknete er das stinkende Zeug und rauchte eine Tüte nach der anderen. Die Wirkung war ähnlich, aber leider wesentlich stärker als bei den Bananenjoints. Mit Shit oder Gras hatte das nichts zu tun. In seinem Magen blubberte es unangenehm, durch sein Gehirn taumelten böse Geister. Diesmal landete der Mageninhalt in der Obstschale auf dem Wohnzimmertisch. Jedenfalls zum Teil. Um sich von all dem Elend abzulenken, schaltete Frank die Glotze an. Und mit einem Schlag war alles anders, war alles schlimmer. Noch viel schlimmer als je zuvor! Ein Nachrichtenmann mit Krawatte erzählte, dass Kurt Cobain, sein Held, sein Gott, tot war. Tränen schossen ihm in die Augen. Trauer und Schmerz übertönten die Schweinedung-Geister im Gehirn. Wütend riss er den Röhrenfernseher aus der Schrankwand. Wenn die Kiste nicht so verdammt schwer gewesen wäre, hätte er sie durch das geschlossene Fenster auf den Hof geworfen. Doch der Apparat landete bloß krachend auf dem Fußboden. Mit der Stehlampe drosch Frank auf das kaputte Gerät ein, als sei es verantwortlich für Cobains Tod. Nach der Verwüstung der guten Stube verließ er das Haus. Auf dem klapprigen Damenrad der Mutter fuhr er ziellos durch die Gegend. An der Bushaltestelle, die der Dorfjugend als Treffpunkt diente, traf er Kalle. Der stand da rum, die Hände in den Hosentaschen, und grinste frech.

»Ey Alter, war das echt mies. Ich musste derbe reihern.«

Kalle zuckte mit den Schultern. »Da hast du wohl Pech gehabt, Junge, dein Problem.«

Da verdrosch Frank ihn gnadenlos und brutal wie zuvor den Fernseher. Denn eigentlich trug ja Kalle die Schuld an Cobains Tod. Hätte der ihm nicht diesen Mist mit dem Schweindreck erzählt, hätte Frank nicht reihern müssen. Und wenn er nicht so derbe gekübelt hätte, wäre Kurt Cobain niemals auf die Idee gekommen, sich zu erschießen. Das schien ihm absolut logisch und plausibel zu sein. Er prügelte auf den Scherzbold ein, bis die Polizei kam und ihn abführte. Frank wurde zu einer kurzen, aber unangenehmen Jugendstrafe verurteilt.

Im Gefängnis musste er sich eine Zelle mit einem Kerl teilen, der Sven hieß. Der hatte ein kaputtes Bein und konnte nur humpeln. Doch keiner der Knastbrüder hätte es je gewagt, ihn einen ›Krüppel‹ oder so ähnlich zu nennen. Sven war ein eisenharter Bursche. Der konnte Zigarettenkippen in seiner Handfläche ausdrücken, ohne auch nur zu zucken. Frank brachte das nicht fertig.

»Das ist reine Kopfsache, Mann. Wenn du übst, kriegst du das irgendwann hin. Nur nicht aufgeben.«

Frank gab sich alle Mühe, dieses Kunststück zu erlernen, doch er konnte nicht vermeiden, dass die Hand unwillkürlich zurückzuckte. Auch das Wimmern ließ sich nicht unterdrücken. Es tat einfach höllisch weh. Sein neuer Kumpel, der Sven, beobachtete ihn dabei scheinbar fasziniert.

Einmal erzählte ihm Frank, dass er nie wieder nachhause wolle. Seine Alten, der stinkende Betrieb, diese muffige Spießerwelt, all das könne er einfach nicht mehr ertragen. Am liebsten wollte er Rockmusiker werden, so ein cooler Typ wie Kurt Cobain es gewesen war. Doch leider konnte er weder Gitarre spielen noch singen. Sowieso konnte er eigentlich nichts, außer kiffen, saufen und Mucke hören. Und damit ließe sich ja irgendwie keine Kohle machen.

»Mann, vielleicht hab ich da was für dich. Draußen dreh ich immer so meine Dinger. Mal einen kleinen Bruch, mal geb ich jemandem was auf die Nase, bis er mich finanziell unterstützt. Zu zweit könnten wir so manches Ding einfacher durchziehen.«

Das ließ Frank sich nicht zweimal sagen. Nach der gemeinsamen Zeit im Gefängnis zog er zu Sven in die kleine Wohnung. Miete brauchte er nicht zu bezahlen. Dafür musste er tun, was ihm gesagt wurde. Und er tat es gern, denn Sven hatte wirklich den Durchblick. Der hatte es voll drauf. Sven war ein cooler Typ. Eben wie Kurt Cobain, bloß ohne Klampfe. Manchmal sollte Frank bei einem kleinen Bruch Schmiere stehen. Manchmal sollte er einfach nur jemanden verkloppen, während Sven danebenstand und interessiert zusah.

Frank glaubte, in Sven einen Freund gefunden zu haben. Sven ließ ihn in diesem Glauben und freute sich, einen so preiswerten Handlanger und Assistenten gefunden zu haben.

Kurt Cobain und Elvis Presley

Knapp zwei Monate bevor seine Leiche gefunden wurde, traf Kurt Cobain zufällig Elvis Presley in Paris. Kurt stand kurz davor, sich von einer sehr hohen Brücke zu stürzen, denn er war fürchterlich deprimiert und wollte nicht mehr weiterleben. Eigentlich hätte er zufrieden sein können. Er verdiente jeden Tag einen Haufen Geld und die Fans liebten ihn. Mit seiner Band Nirvana tourte er durch Europa. Die Hallen waren ausverkauft. Alle wollten ihn sehen und hören, alle bejubelten ihn. Doch das hatte er so niemals gewollt. Er hatte niemals ein Popstar sein, niemals bewundert oder gar vergöttert werden wollen. Noch vor Kurzem war er einfach nur ein Typ aus Seattle gewesen, der ein bisschen Mucke machte. Aber irgendwie war er plötzlich ein verdammter Superstar geworden. Außerdem hatte er Bauchweh. Nicht erst seit gestern. Nicht erst, seit er auf Europatour war. Nein, schon seit Langem. Eigentlich, seit er ein beklopptes Idol geworden war. Von Arzt zu Arzt war er gerannt, doch keiner konnte ihm helfen. Also war es kein Wunder, dass er mit den Drogen angefangen hatte. Die halfen jedenfalls ein bisschen. Außerdem litt er an einer merkwürdigen Schlafkrankheit. Mitten am Tag konnte er plötzlich einnicken, von einem Moment auf den anderen. Kurt war sicher: Das war ›Narkolepsie‹. Doch wenn er seinen Ärzten davon erzählte, rieten sie ihm bloß, die Finger von den Drogen zu lassen. Als wäre das die Lösung. Unterm Schlussstrich war alles *fucking bullshit*. Das Leben war einfach nicht mehr lebenswert. Es war höchste Zeit, dem Elend ein Ende zu setzen. Er schaute über das Brückengeländer in die Tiefe. Die Höhe müsste ausreichen. Plötzlich hatte er es eilig, kletterte hinauf und wackelte oben etwas rum. Da wurde er auf Englisch angesprochen: »Du wirst doch wohl keinen Blödsinn vorhaben?« Kurt fühlte, wie er von hinten gegriffen und vom Geländer gezogen wurde. Im nächsten Moment stand er einem Typen mit ergrauter Elvistolle und Bierbauch gegenüber. Der Fremde sah ihn durchdringend mit seinen stahlblauen Augen an. »Wow, was für ein Blick«, dachte Kurt. Laut sagte er bloß spöttisch: »Elvis lebt! Wer hätte das gedacht?«

»Ich glaube, wir zwei sollten zusammen in eine Kneipe gehen.«

Kurz darauf saßen die beiden an einer Bar in der Nähe der Selbstmordbrücke.

»Und du bist wirklich Elvis Presley? Ich meine: DER Elvis Presley?«

»Ja, bin ich. Aber ich wäre dir dankbar, wenn du diesen Namen nicht mehr erwähnen würdest. Oder, wenn es sich nicht vermeiden lässt, wenigstens nur ganz leise. Ich habe nämlich keine Lust mehr auf das ewige ›Elvis lebt‹ und ›Elvis Hurra‹. Außerdem nenne ich mich inzwischen natürlich ganz anders.«

»Wie denn?«

Der King of Rock 'n' Roll holperte etwas, das sich irgendwie deutsch anhörte. Oder so ähnlich.

»Was?«

»Fritz Bierbauch«, wiederholte der ehemalige Rock 'n' Roll Star.

»Das ist aber ein merkwürdiger Name.«

Elvis-Fritz seufzte und strich sich über die kleine Wölbung seines Bäuchleins. »Ja, da hast du wohl recht. Als ich damals abgetreten bin, hielt ich das für einen ganz gewöhnlichen deutschen Namen. Jetzt glotzen mir alle auf den Bauch, wenn ich mich irgendwo vorstelle. Und dann grinsen sie blöde. Tja, was soll's? Ist nicht mehr zu ändern. Nochmal zieh ich das Ding mit meinem Ableben nicht durch. Ist zu stressig.«

»Ja, was ist das überhaupt für eine komische Sache? Wieso bist du nicht tot?«

»Das ist eine gute Frage.« Elvis-Fritz schlürfte an seinem Cocktail. Und dann erzählte er seine Geschichte.

Schon als kleiner Junge hatte er Musik geliebt. Er sang im Kirchenchor und eigentlich immer, wenn er die Gelegenheit dazu hatte. Natürlich war es undenkbar, damit jemals auch nur einen Cent zu verdienen. Nach der Schule bekam Elvis einen Job in einer Maschinenreparaturwerkstatt. Und mit dem ersten, selbstverdienten Geld ging er in das Tonstudio von Mr. Phillips. Dort konnte jeder, der in der Lage war, ein paar Dollar auf den Tisch zu legen, eine eigene, echte Schallplatte aufnehmen und mit nachhause nehmen. Die erste Elvis-Scheibe war also ein einmaliges Einzelstück. Er schenkte sie seiner Mom zum Geburtstag. Gelegentlich sang er nun in kleineren Clubs Countrysongs. So verdiente er sich ein bisschen Geld dazu. 1954, er hatte inzwischen einen richtigen Job als Lkw-Fahrer, ging er wieder in Mr. Philips Tonstudio. Der Besitzer der winzigen Plattenfirma war begeistert, als er Elvis singen hörte. Der Junge hatte eine starke Stimme, aber vor allem hatte er dieses ›gewisse Extra‹. Diesmal brauchte der Sänger nichts zu bezahlen. Mr. Phillips besorgte ihm sogar eine kleine Band und nahm den Song »That's allright« auf. Das war eigentlich eine Bluesnummer. Doch Elvis brachte sie beinahe wie einen Countrysong. Und zwar wie einen bluesigen Countrysong. Das hatte es so noch nicht gegeben. Er sang so, wie es damals nur die Schwarzen taten. Und an Musikern mit der »falschen« Hautfarbe ließ sich kein Geld verdienen. Und so wurde er, der weiße Junge mit dem schwarzen Gesang – Rumms! – fast über Nacht zum Superstar. Zum King of Rock 'n' Roll! Vielleicht nicht zu einem Gott, aber auf jeden Fall zu einer Legende. Zuerst hatte ihm der ganze Zirkus noch Spaß gemacht. Er wurde mit Geld und Bewunderung überschüttet.

»Doch irgendwann war ich es leid. Verstehst du? Ich hatte es so satt. All die kreischenden Fans, die verrückten Fanatiker und Speichellecker. Niemand hat den Menschen in mir gesehen, alle nur den King. Es war zum Kotzen!«

Kurt nickte zustimmend.

»Es war ja nicht so«, fuhr Elvis-Fritz fort, »dass ich keine Lust auf die Musik hatte. Nein, es war der gottverfluchte Ruhm, der mir die Nerven raubte.«

»Wem sagst du das? Und das schreckliche Gekreische. Was denken sich die Leute bloß?«

»Gar nichts denken die. Sie drehen einfach durch.«

»Da kann man doch nur von einer Brücke springen.«

»Ja, eben«, gab Elvis-Fritz ihm recht, grinste dann und stellte fest: »Man muss nur aufpassen, dass einem dabei nichts zustößt.«

Am 15. August 1977 wurde die Leiche von Elvis Presley auf seinem Anwesen Graceland in Memphis gefunden. Jedenfalls glaubten das alle. Tatsächlich war es die Leiche eines verarmten Poeten aus Crawfordsville, Arkansas. Die Witwe des mittellosen Dichters hat sich sehr über die paar Scheine gefreut, die sie für die sterblichen Überreste ihres Mannes erhielt. Auf diese Weise konnte sie dem Gatten eine Gedenktafel aufstellen. Außerdem machte sie mit dem restlichen Geld eine Kneipe auf. – Und Elvis war frei.

»Du hast die ganze Welt gelinkt. Aber wie hast du das geschafft? Wie konnte das gehen?«

»Mit Geld. Und zwar mit sehr viel Geld. Du musst die richtigen Leute bestechen. Und du brauchst mindestens eine Kontaktperson, die sich um das Geschäftliche kümmert. Als Toter kannst du ja schlecht zur Plattenfirma gehen und deinen Anteil abholen.«

»Und wer ist das bei dir?«

Elvis-Fritz winkte lächelnd ab. »Diskretion ist in dieser Angelegenheit das Wichtigste. Abgesehen vom Geld. Reden wir lieber davon, wie es mir dir weitergehen soll. Was ist mit deinem Abgang? Willst du den durchziehen? Und wenn ja, auf deine oder auf meine Weise?«

»Deine Methode würde ich dann doch vorziehen.«

»Eine gute Wahl. Noch nie habe ich eine Entscheidung weniger bereut als die zu sterben.«

Elvis-Fritz riet ihm, sein neues Leben in Deutschland aufzubauen. Das war schön weit weg von Amerika und man konnte es sich dort gut gehen lassen. Er selbst war im Moment nur in Frankreich, um sich den Eiffelturm anzusehen. Eigentlich lebte er seit vielen Jahren in Hamburg, wo er sich übrigens auch mit dem etwas jüngeren Musiker Udo Lindenberg angefreundet hatte. Auf Kurts Frage, wie er denn ausgerechnet auf Deutschland gekommen war, erklärte Elvis-Fritz ihm, dass er dort in den 1950er Jahren seinen Militärdienst abgeleistet hatte. Land und Leute hatten ihm schon damals gefallen.

Die beiden Rockstars planten nun sorgfältig das Ende von Kurt Cobain. Und den Neuanfang von Günther Meierlein. Zuerst wollte Fritz ihn Günther Meier nennen, doch Kurt hatte Einwände.

»Ist das dein Ernst? Das soll ein gewöhnlicher deutscher Name sein?«

»Günther Meier ist der deutscheste Name überhaupt. Total unauffällig und total normal.«

»So wie Fritz Bierbauch oder was?«

»Na gut«, lenkte Fritz ein, »die Deutschen hängen gerne ein -lein oder ein -chen an manche Worte. Ständig heißt es Bäuerlein oder Brötchen, Herzilein oder Blümchen. Du könntest dich Günther Meierlein nennen.«

Das gefiel Kurt schon besser.

Die beiden saßen noch lange zusammen. Das war auch notwendig. Denn sie planten Kurts Selbstmord bis ins Detail. Und für sein weiteres Leben musste ebenfalls einiges vorab bedacht werden. Kurt meinte, er brauche keinen Reichtum und wünschte sich nur eine kleine Obstplantage, mit der er seinen Lebensunterhalt bestreiten konnte. Seine Frau Courtney sollte die Kontaktperson zum ›alten Leben‹ werden. Er war sicher, sie würde einverstanden sein. Ihre Liebe flammte längst nicht mehr so heiß wie früher. Die beiden waren inzwischen eher freundschaftlich verbunden. Courtney bräuchte ihn auch bloß am Anfang aus seinem Nachlass zu unterstützen, bloß bis der Laden richtig lief. Fritz versicherte ihm, dass er durch ein spektakuläres Ableben zu einer absoluten Kultfigur werden würde. Das wiederum würde die Einnahmen durch die Schallplattenverkäufe um ein Vielfaches erhöhen. Seine Witwe brauchte sich also in finanzieller Hinsicht keine Sorgen zu machen.

Als der Morgen dämmerte, verließen sie endlich die Bar.

Sie hatten alles genau geplant. Kurt sollte die Tournee abbrechen und einen missglückten Suizidversuch vortäuschen. Damit wäre der ›echte‹ Selbstmord glaubwürdiger. Außerdem brauchte er die Zeit, um die zukünftige Witwe von seinen Plänen zu überzeugen. In zwei Monaten würde er sich mit einer Flinte das Gesicht wegpusten. Das würde Fritz die Aufgabe erleichtern, eine passende Leiche einzukaufen und nach Seattle zu schaffen. Es gab also noch einiges zu tun.

»Übrigens«, sagte der ehemalige Elvis Presley und gab ihm zum Abschied die Hand, »nächstes Jahr im Januar werde ich 60. Wenn es bis dahin mit deinem Selbstmord funktioniert hat, musst du unbedingt zu meiner Party kommen.«

Kurt Cobain versprach es lächelnd.

Merle erbt

Karin Speckmann war grenzenlos enttäuscht vom Leben. Und von ihrer Familie. Den Karl-Heinz, in den sie sich vor vielen Jahren verliebt hatte, gab es schon lange nicht mehr. Der hatte sich nach und nach in ein fettes Walross verwandelt. Sein Gesichtsausdruck ähnelte immer mehr dem eines Mastschweines. Ihr gemeinsamer Sohn war ein Idiot, der sich mit einem Schläger eine stinkende Bude teilte. Aus dem konnte niemals etwas Vernünftiges werden. Am ehesten kam Karin noch mit Merle zurecht. Die achtete wenigstens auf ihre

Ernährung und irgendwie auch auf ihr Karma. Karin fand, es wurde höchste Zeit, den Familienzwängen zu entfliehen und zu sich selbst zu finden.

»Du willst dich selbst finden?«, lästerte Karl-Heinz. »Dann sieh doch mal in der Küche nach. Vielleicht bist du ja dort. Und wenn du schon mal da bist, kannst du mir auch gleich ein schönes Steak in die Pfanne hauen.«

Karin kochte schon lange nicht mehr für ihn. Als Merle zur Vegetarierin wurde, war sie dem Beispiel der Tochter gefolgt und hatte ihre Ernährung ebenfalls umgestellt. Bald ekelte sie sich davor, Fleischgerichte zuzubereiten und Karl-Heinz gewöhnte sich an, in der Kantine zu essen. Karin war sicher, dass er sogar die mickrige Gemüsebeilage grundsätzlich liegenließ.

»Dir würde eine bewusstere Ernährung auch gut tun. Eine Möhre hat noch niemanden umgebracht.«

»Blödsinn! Ich fress doch kein Schweinefutter!«

Karl-Heinz verschlang einfach viel zu viel Fleisch. Und zu wenig von den wirklich guten Sachen.

»Es reicht, wenn die Schweine das Grünzeug fressen. Da bekomme ich genügend Vitamine ab«, behauptete er und weigerte sich stur, jemals auch nur einen Bissen von den Vollwertgerichten seiner Frau zu probieren. Karin ließ sich nicht von dem Walross an ihrer Seite herunterziehen. Sie belegte Yoga-Kurse, perfektionierte die vegetarische Küche, entdeckte ihr Yin und ihr Yang und konnte den Strom der heiligen Kraft ihrer Seele fühlen. Karl-Heinz zeigte kein Verständnis. Er mästete nicht nur seine Schweine, sondern auch sich selbst. Und eines Tages – nein, er platzte nicht – kippte er einfach um. Nach einem deftigen Frühstück fiel er Merle vor die Füße, bekam ein blaues Gesicht und keuchte: »Liebes Kind, du musst den Betrieb weiterführen. Du bist die Einzige, die das kann.« Nach diesen Worten furzte er und starb. Später dachte Karin heimlich darüber nach, ob es wohl die Seele ihres Mannes war, die mit dem letzten Darmwind aus dem fetten Körper gefahren war.

Kurz nach der Trauerfeier erklärte sie ihrer Tochter: »Ich habe keine Lust auf den Betrieb. Übernimm du ihn oder mach den Laden dicht. Ganz wie du möchtest. Mir ist es egal.« Anschließend packte sie ihre Koffer und flog nach Portugal. Dort investierte sie die gemeinsamen Ersparnisse und die üppige Prämie der Lebensversicherung in eine Hippie-Kommune.

Als Merle den Betrieb übernahm, war sie 24 Jahre alt. Wie hätte sie den letzten Wunsch des Vaters ignorieren können? Doch glücklich war sie dabei nicht. Merle trauerte um ihren dicken Papa. Sie vermisste die Mutter. Und auch Frank, diesen verrückten Kerl, würde sie gern mal wiedersehen.

Die Tiere unter ihrer Obhut wuchsen und gediehen prächtig. Die Wurfsauen taten das, wofür sie da waren. Ferkel wurden geboren, gemästet und zum Schlachthof gefahren. Der endlose Kreislauf der modernen Schweinemastanlage lief reibungslos und effektiv. Und gerade das machte sie noch unglücklicher, besonders an Donnerstagen. Denn da wurden die schlachtreifen Tiere abgeholt. Wie schon früher blieb sie dann einfach zu Hause und der alte Kröger kümmerte sich um den Ablauf im Betrieb. Merle wollte ihre tierischen Freunde nicht weinen hören. Meistens stand sie lieber zu Hause am Fenster und sah traurig in den Garten hinaus. Manchmal sprach Papas Stimme in ihrem Kopf: »Kindchen, es sind Schweine. Ihr Lebenszweck ist es, uns zu ernähren.«

Und wenn ihr danach war, antwortete sie: »Hörst du nicht, wie sie weinen? Es sind meine Freunde! Sie würden niemals jemandem etwas antun! Wie kannst du …? Wie können wir nur so grausam sein?«

Doch der Vater gab keine Antwort. Er schnaufte nur noch einmal kurz.

An einem sonnigen Donnerstag im Juni hielt Merle es zu Hause nicht mehr aus. Sie fuhr mit dem Mercedes ihres Vaters in die Stadt, in der Frank lebte. Merle fühlte sich einsam und wollte nicht mehr an die

Schweine denken. Es könnte doch ganz schön sein, ihren kleinen Bruder wiederzusehen. Der war nicht einmal zur Beerdigung des Vaters gekommen. Wahrscheinlich hallte ihm noch immer das Gemecker in den Ohren: »Womit habe ich das bloß verdient? Meine Tochter: eine Vegetarierin! Mein Sohn: ein Krimineller!« Vielleicht könnten Frank und Merle zusammen eine Tasse Kaffee trinken, vielleicht würde es so wie früher zwischen den beiden sein. Doch als sie an der Tür klingelte, wurde nicht geöffnet. Sie ließ das Auto vor dem Haus stehen und ging spazieren. Später wollte sie es nochmal probieren.

Die Sonne schien freundlich, der Himmel war blau und die Temperatur angenehm. Merle vergaß für eine Weile, was zur gleichen Zeit im Betrieb geschah. Sie holte sich ein Schoko-Bananeneis und setzte sich auf eine Bank in die Fußgängerzone. Beinahe konnte sie nun den Sommer genießen. Obwohl es doch ein Donnerstag war.

»Guten Tag, schöne Frau.«

Vor Merle stand ein asiatisch aussehender Mann. Er trug einen weißen Glitzeranzug und hielt eine Gitarre in der Hand. Irgendwie kam er ihr bekannt vor.

»Darf ich mich zu Ihnen setzen?«

Zur Antwort rutschte sie etwas zur Seite und nickte lächelnd.

»Ach, das tut gut!« Er ließ sich erleichtert auf die Bank fallen. »Ich habe schon den ganzen Morgen gerockt.«

»Sie sind Elvis Presley, nicht wahr?«

»Naja, nicht persönlich.« Er lachte. »Aber ich versuche, ihn möglichst gut zu vertreten.«

»Können Sie denn davon leben?«

»Wer lebt denn schon von Geld?« Elvis lachte erneut. »Meistens reicht es für die Miete, und oft kann ich mich sogar satt essen.«

»Wäre es da nicht besser, einen vernünftigen Beruf auszuüben?«

»Oh, das habe ich. Viele Jahre war ich als Berufsschullehrer tätig. Aber das war einfach nicht das Richtige für mich. Ich wollte lieber Elvis Presley sein.«

»Ich verstehe.«

»Was machen Sie denn beruflich?«, fragte er.

Merle antwortete nicht.

»Naja, ist ja auch egal. Hauptsache es ist das Richtige für Sie, nicht wahr?«

Merle nickte nachdenklich.

»So schöne Frau, ich will dann auch wieder los. Eine Runde rocken und eine Runde rollen.«

Er schulterte die Gitarre und ging pfeifend davon. Nun fiel Merle ein, an wen er sie erinnerte. Außer an Elvis natürlich. Ein bisschen hat er ausgesehen wie Kim Jong-il, der nordkoreanische Diktator. Aber das spielte keine Rolle. Hauptsache war, dass er das tat, was für ihn das Richtige war. Diese Weisheit hätte auch von ihrer Mutter kommen können.

Zwei Spatzen kamen angeflattert und bettelten Merle um Eiswaffelkrümel an. Sie gab ihnen ein paar und fasste einen Entschluss. »Ich werde den Betrieb weiterführen, Papa, aber auf meine, auf die richtige Art.« Sie stand auf und die Spatzen schossen davon. Merle ging mit festen Schritten zum Auto zurück. Sie klingelte nun nicht mehr an der Tür des Bruders. Dazu fehlte die Zeit, sie musste Leben retten. So schnell, wie es das alte Auto zuließ, raste sie zum Betrieb. Auf der kurzen Strecke wurde sie zweimal geblitzt, überfuhr eine rote Ampel und ein Stoppschild. Viermal nahm sie anderen die Vorfahrt und einmal wäre sie beinahe aus einer ziemlich scharfen Kurve geflogen. Es nutzte nichts. Als sie ankam, war der Schweinetransporter schon fort.

»Der ist schon vor Stunden vom Hof gerollt«, stellte der alte Krüger ungerührt fest und biss in sein Wurstbrot.

»Aufhalten! Zurückholen!«

»Wat is los, min Deern? Heute is Donnerstag. Die Viecher sind längst zerlegt.«

Da war wohl nichts mehr zu machen. Merle stöhnte und massierte sich die Stirn.

Kröger, der schon seit fast dreißig Jahren im Betrieb arbeitete, stand etwas hilflos daneben. Er kannte die Tochter vom Chef schon lange und wusste, dass sie zuweilen etwas sensibel war. »Was is los, min Deern?«, fragte er erneut.

»Nichts weiter, ich muss bloß einiges hier ändern.« Merle riss sich zusammen. »Ab sofort gibt es keine Lieferungen mehr an den Schlachthof. Kein Schwein verlässt den Hof, solange nicht gesichert ist, dass es eine glückliche, unbeschwerte Zukunft vor sich hat.«

Der alte Kröger öffnete erstaunt den Mund, brauchte aber eine Weile, bis er etwas sagen konnte. »Was soll das heißen? Wozu sollen wir produzieren, wenn wir nicht mehr liefern?«

»Das stimmt allerdings«, stimmte Merle ihm zu. »Ab sofort wird die Befruchtung der Sauen eingestellt.«

Wieder blieb Kröger der Mund eine Weile offen stehen, bevor er etwas erwidern konnte. »Aber wie soll das gehen, min Deern? Wie soll der Laden da laufen?«

»Ich werde den gesamten Betrieb neu ausrichten!«, rief Merle nun fröhlich. »Ab sofort steht nicht mehr der Profit im Vordergrund, sondern nur noch das Wohl der Tiere!«

»Aber das hier ist eine Schweinemastanlage. Wir leben von der Fleischproduktion.«

»Ab heute nicht mehr.« Sie drehte sich um und ließ Kröger stehen, der sich nun ratlos am Hinterkopf kratzte. »Und sorge dafür, dass wirklich ab sofort keine Sau mehr befruchtet wird!«, rief sie ihm noch zu. »Wir haben genug mit den Ferkeln zu tun, die schon da sind.«

Merle war zufrieden mit sich. Sie führte den Betrieb weiter und erfüllte so den letzten Wunsch des geliebten Vaters. Gleichzeitig folgte sie dem Rat des Kim-Jong-il-Elvis und tat das, was für sie das Richtige war. Sie würde nie wieder ihre Freunde an den Schlachthof verkaufen. Ja, Merle war zufrieden. Kam aber auch ins Grübeln. Der alte Kröger hatte schon recht. Wenn sie keine Schweine verkaufte, gab es keine Einnahmen. Und wenn sie nichts einnahm, konnte sie auch nichts ausgeben. Bald würde sie weder den Angestellten die Löhne noch den Tieren das Futter zahlen können. Trotzdem war sie überzeugt, es war richtig, auf Elvis zu hören.

Pignapping

Frank wurde von der Türklingel geweckt. »Boah, wer zieht denn so eine Nervung ab?« Ein Blick auf die Uhr verriet ihm, dass es noch vor Mittag war. »Nee, um die Zeit kriegt mich niemand aus der Koje.« Er drehte sich um und versuchte, wieder einzuschlafen. Eine Weile wälzte er sich verärgert im Bett herum, stand schließlich auf und kochte sich einen starken Kaffee. Mit dem dampfenden Becher stellte er sich an das Fenster und entdeckte den Mercedes auf der anderen Straßenseite. Das war doch die Karre vom Alten. Und der war doch tot. Verdammt, was hatte das zu bedeuten? Durch die schmuddeligen Scheiben konnte Frank sehen, wie jemand die Schleuder abholte. War das nicht …? Das war doch Merle. Seine Schwester. Die hatte es anscheinend sehr eilig. Sie sprang ins Auto und raste mit quietschenden Reifen davon. Wie in einem bekloppten Gangsterfilm. Sie hätte ruhig mal reinschauen können, wo sie schon mal hier war. Frank kratzte sich am Sack und glotzte auf den leeren Parkplatz. Dort geschah allerdings nichts mehr. Stattdessen bimmelte das Telefon.

»Pass auf, ich hab ne Idee«, quatschte der Boss gleich los, ohne auch nur »Hallo« zu sagen. »Pack das Werkzeug zusammen und komm zur Tür. Ich bin gleich da.«

Frank konnte kaum »Okay« sagen, da hatte Sven schon wieder aufgelegt. Eilig stopfte er einen Satz Schraubenzieher, eine Brechstange, die Masken und Handschuhe in die Sporttasche und ging vor die Haustür. Nicht einmal eine Zigarette konnte er sich anstecken, da kam schon Sven in dem rostigen Ford um die Ecke. Frank warf die Tasche auf die Rückbank und sich selbst auf den Beifahrersitz. »Und? Was ist der Plan?«

»Guck ins Handschuhfach.«

Dort fand Frank eine Tüte mit einem rosa Klumpen in der Größe eines Brotlaibes. »Knetmasse? Sind wir im Kindergarten oder was?« Er bohrte den Zeigefinger in den Batzen.

»Spiel da nicht rum. Sonst macht es bumm!« Sven lachte. »Hey, das reimt sich. Ich bin ein richtiger Dichter!«

»Was ist das für ein Zeug?«

»Plastiksprengstoff. Wenn du jetzt was falsch machst, fliegen dir nicht nur die Hände weg.«

Frank pfefferte das Zeug in das Handschuhfach und schlug die Klappe zu.

»Hey, nicht so heftig.«

»Was willst du mit dem Zeug?«

»Das ist die neue Masche! Wir holen uns die Kohle direkt am Automaten. Ein bisschen von der Pampe da und die Kiste fliegt auf.«

»Jetzt? Mitten am Tag!«

»Gerade am Tag. Da rechnet doch keiner mit. Wir jagen den Bankomaten hoch, sammeln die lieben Scheine ein und sind wieder weg, bevor jemand was mitkriegt.«

»Na, ich weiß nicht.«

»Aber ich weiß es. Und außerdem musst du heute Abend wieder bei der Arbeit sein. Sonst machst du dich verdächtig.«

Damit hatte er natürlich Recht. Seit einer Weile verdiente Frank etwas Geld als Türsteher. Wenn er seinen Job ausgerechnet an dem Abend nicht antreten würde, an dem ein Geldautomat in die Luft flog ... Da würden die Bullen ganz schön misstrauisch werden.

»Maske auf, wir sind da.«

Außer ihnen war kein Mensch zu sehen. Gefolgt von Frank humpelte Sven in die Bank. Dort klatsche er einen großen Batzen Plastiksprengstoff an den Automaten, bohrte zwei Zündkabel hinein und da knallte es schon, bevor er die Explosion gezielt auslösen konnte. Zwei Finger flogen durch die Luft. Aber kein einziger Geldschein. »Mist, wo sind meine Finger hin?«, fragte Sven, ohne mit der Wimper zu zucken.

»Ich glaub, einer klebt da vorne an der Wand. Neben dem anderen.«

Sven steckte beide in die Hosentasche. »Lass uns abhauen, gleich kommen die Bullen.«

Frank lief zum Ford rüber. Sven kam ihm eilig hinterher. Den Fluchtwagen steuerte er mit links, um während der Fahrt Frank die rechte, tropfende Hand vor das Gesicht zu halten. »Mach da mal was rum, sonst verblute ich.«

Zwar waren die beiden Ganoven an diesem Nachmittag der Polizei entkommen, doch hatten sie am Tatort so viele Spuren hinterlassen, dass sie schon bald verhaftet wurden und wieder für eine ganze Weile ins Gefängnis mussten.

»Das Schlimmste im Knast ist der Fraß«, sagte Sven. »Ich würde gerne mal wieder in ein richtiges Steak zu beißen. Nicht in so ein Stück Plastikfleisch wie das hier.«

Da ihm nun an der rechten Hand Zeige- und Ringfinger fehlten, fiel es ihm schwer, das zähe Fleisch zu zerschneiden. Lustlos stocherte er in dem Essen herum. Frank boxte ihn freundlich in die Seite.

»Ey, Alter, wenn wir wieder draußen sind, besorg ich dir was. Ein ganzes Schwein werde ich dir vorsetzen.«

Und dann lachten sie.

Sven hatte das Glück, nach der Haftentlassung wieder im Schlachthof arbeiten zu können. Franks Job als Türsteher war allerdings für immer verloren. Und das ging Sven ziemlich auf die Nerven. Immerhin hatte er damals diesen Trottel nur bei sich aufgenommen, weil er sich erhofft hatte, einen billigen Handlanger, einen Deppen für die niedrigen Aufgaben zu gewinnen. Und wie hatte sich das entwickelt? Sven ging Tag für Tag zur Maloche, während Frank zu Hause rumsaß und sich aushalten ließ. So war das nicht gedacht.

»Kannst du dich eigentlich noch erinnern, was du mir versprochen hast, als wir im Knast saßen? Du wolltest mir ein Schwein besorgen. Stattdessen sitzt du den ganzen Tag hier rum, kraulst dir die Eier, während ich schufte.«

»Boah, Alter, du stresst. Was willst du?«

»Ein Schwein. Ich will, dass du losgehst und mir ein Schwein besorgst, wie versprochen. Wenn du das auf die Reihe kriegst, feiern wir ein Schlachtfest. Und wenn nicht …«

»Ja?«

»Wenn nicht, kannst du deine Sachen packen und den Abflug machen. Ich bin nicht das Sozialamt und das hier ist *meine* Wohnung.«

»Alter, das ist echt mies.«

Doch Frank hatte keine andere Wahl. Am nächsten Morgen nahm er sich ungefragt das Fahrrad der Nachbarin und machte einen Ausflug auf das Land. Stundenlang radelte er durch die Landschaft. Schweine sah er nicht. Überall nur Maisfelder. Doch endlich konnte er am Rande eines Dorfes einen Geruch wahrnehmen. Einen Geruch, der ihn an seine Kindheit erinnerte. Und an das unerfreuliche Experiment mit den Schweine-Joints. Er folgte seiner Nase und stand im nächsten Moment vor einem Bauernhof. Eine Welt wie in einem Bilderbuch. Hühner liefen über das Kopfsteinpflaster, eine Katze sonnte sich vor der Haustür und irgendwo muhte eine Kuh. Doch das Wichtigste entdeckte Frank neben dem Stall. Hier dösten ein paar Schweine im Schatten riesiger Bäume. Mit einem zufriedenen Grinsen radelte er davon. Es gab noch einiges zu erledigen.

Es dämmerte bereits, als Frank mit einem Handwagen wiederkam. Es war ein lauer Sommerabend und die Schweine hatten noch keinen Anlass gesehen, sich in den offenen Stall zurückzuziehen. Sie lagen auf der Wiese herum, grunzten und schmatzen und taten eben das, was Schweine in geselliger Runde zu tun pflegen. Frank warf mit vollen Händen Obst und Gemüse auf die Wiese. Das war der riskanteste Teil seiner Tat. In der Regel machten Schweine in der Erwartung von Futter höllischen Radau, bis sie endlich etwas davon zwischen die Zähne bekamen. Also galt es nun dafür zu sorgen, dass jedem Schwein das Maul so rasch wie möglich gestopft wurde. Sollte ein Mensch auf Frank aufmerksam werden, würde er so schnell wie möglich das Weite suchen. Doch er hatte Glück. Der Bauer saß offensichtlich wie die gesamte Dorfbevölkerung vor dem Fernseher. Das war kein Zufall, denn an diesem Abend wurde ein wichtiges Fußballspiel übertragen.

Der Landwirt feuerte seine Lieblingsmannschaft an und hatte keine Ahnung, was sich direkt vor seiner Haustür abspielte. Die Schweine verschlangen mit tierischer Begeisterung die Leckereien. Noch während sie glücklich fraßen, fingen sie an zu torkeln, denn Frank hatte jedes Stück mit einem starken Beruhigungsmittel präpariert. »Was bin ich doch für ein schlauer Typ. Ich hab es echt drauf«, lobte er sich selbst und lockte ein einzelnes Tier mit besonderen Leckerbissen an. Weintrauben zogen bei Schweinen immer. Das wusste er noch aus seiner Kindheit. Die junge Sau war etwas benommen, aber noch nicht umgekippt und eingeschlafen, wie viele ihrer Kollegen. Das war genau der Zustand, den Frank brauchte. Ein vollständig betäubtes Tier könnte er nicht alleine auf den Handwagen laden. Doch in diesem Dämmerzustand konnte die Sau selbst auf den Wagen klettern, um dort mit weiteren Weintrauben belohnt zu werden. Sobald die letzten präparierten Leckereien vertilgt waren, schlief das Tier auf dem Handwagen ein. Stolz und glücklich zog Frank mit der Sau im Schlepptau ab. Er hatte einen langen Weg vor sich. Und das Vieh auf dem Wagen war nicht gerade untergewichtig. Nach einem stundenlangen Fußmarsch setzte Frank sich erschöpft in das Wartehäuschen einer Bushaltestelle. Er stütze sich mit den Ellenbogen auf die Knie und legte müde die Hände vor sein Gesicht. »Ich kann nicht mehr.« Das Schwein fing an, mit den Hinterläufen zu zucken. »Hörst du? Ich bin am Ende.« Das schien die Sau nicht zu interessieren. Sie blinzelte mit den Augen und schaute sich benommen um. »Ich glaube, wir nehmen einfach den Bus.« Nun dachte Frank darüber nach, ob der Busfahrer einen schweinischen Fahrgast akzeptieren würde. Die Sau auf dem Handwagen rappelte sich inzwischen hoch. Auf wackligen Beinchen stand sie im Handwagen und sah sich verwirrt um. »Leg dich hin und sei still.« Frank hatte keine präparierte Weintraube mehr, keine Einzige. Wenn jetzt das Vieh wieder richtig munter wurde, könnte es Probleme geben. »Also komm, Schweinchen«, säuselte er, »leg dich wieder hin.«. Er streichelte das Borstentier und begann schüchtern, ein Schlaflied zu singen. Das Biest schüttelte einmal kurz und unzufrieden den Kopf, zappelte und sprang aus den Bollerwagen. »Du Sau! Bleib hier!«

Doch das Schwein hatte nicht die Absicht auf jemanden zu hören, der ganz offensichtlich über keine weiteren Leckerbissen mehr verfügte.

Frank versuchte noch, es festzuhalten, doch das Tier wand sich los und lief in die Nacht hinein.

Single-Malt-Whiskey

Günther Meierlein war zufrieden. Er hatte es zu was gebracht. Schon seit zwölf Jahren betrieb er glücklich seine Apfelplantage. Inzwischen warf sie sogar etwas Geld ab. Unterstützung von Courtney brauchte er schon lange nicht mehr. Nachdenklich goss er den Kräutertee für Fritz auf. Es war Viertel nach zehn. Jeden Moment wird er in die Küche kommen. Dann werden sie gemeinsam frühstücken und Günther wird seinen Freund zum Bahnhof bringen. Gestern Abend hatten sie bis spät in die Nacht *gejammt*. Kim war auch dabei gewesen, doch der war wie immer direkt nach der Session nachhause gefahren. Schon seit Langem trafen sie sich alljährlich in der Garage und spielten alte Songs. Kim war erst im vorletzten Jahr dazugekommen. Günther hatte den Elvis-Imitator in der Fußgängerzone kennengelernt, wo er als Straßenmusiker spielte. Kim war ein hervorragender Gitarrist und ein ganz passabler Schlagzeuger. Als Sänger war er nicht zu gebrauchen, da er es nicht lassen konnte, beim Singen dauernd ›einen auf Elvis zu machen‹. Vor allem Fritz hatte darauf bestanden, dass Kim nur mitmachen durfte, wenn er den albernen King of Rock ’n’ Roll während der Sessions ablegte. Nun konnte Günther Fritz oben im Bad rumoren hören.

Seit Kim sich das Elvis-Gehabe abgewöhnt hatte und sich stattdessen auf das Spielen konzentrierte, gewannen die Sessions deutlich an Qualität. Wieso nannten sie den Typen eigentlich Kim? In Wirklichkeit hieß er doch ganz anders. Plötzlich musste Günther grinsen.

Ihm war wieder eingefallen, wie der Gitarrist zu dem Spitznamen gekommen war. Er sah Kim Jong-il, dem nordkoreanischen Diktator, verblüffend ähnlich.

»Was stehst du hier rum und grinst?« Fritz setzte sich etwas schwerfällig an den Küchentisch.

»Kräutertee?«

Fritz nickte und hielt ihm die Tasse hin. »Kim war ja gut in Form.«

»Wie wir alle.«

»Ach, Günni, ich glaube, ich werde langsam alt. Konnte ja am Ende kaum noch die Klampfe halten.«

»Dafür hat es sich aber gut angehört.«

Fritz schlürfte seinen Tee. »Bringst du mich nachher zum Bahnhof?«

»Klar, wie immer.«

Als die beiden nach dem Frühstück abräumten, brummelte Fritz mit ernster Miene: »Dir geht es doch gut hier, oder? Es war doch die richtige Entscheidung herzukommen, oder?«

»Klar, besser geht es nicht. Was soll diese Frage?«

»Tja, irgendwann im Leben zieht man Bilanz und überlegt, ob man alles richtig gemacht hat. Ich fühle mich verantwortlich für dich. Immerhin habe ich dir damals beim Selbstmord geholfen.«

»Komm mal wieder runter. Du hast alles richtig gemacht. Ich hab alles richtig gemacht. Alles ist gut.«

Es war schon Mittag, als Günther seinen Freund zum Bahnhof gebracht hatte und sich wieder auf den Heimweg machte. Mit seinen zweiundsiebzig Jahren hatte der ehemalige Elvis Presley noch immer das richtige Feeling und jede Menge Power. Da konnte Günther es gut verkraften, wenn der alte Knabe mal seine sentimentalen Anwandlungen bekam. Nachdenklich trommelte er mit den Fingern auf dem Lenkrad herum und summte dazu einen Elvis-Song.

Plötzlich huschte etwas aus dem Maisfeld direkt vor den Lieferwagen. Es gab einen mächtigen Rumms und Günther spürte, wie der Wagen auf Widerstand stieß. Sofort stoppte er das Fahrzeug. Ein- oder zweimal atmete er tief durch und stieg aus. Zögernd ging er um den Pritschenwagen herum und sah etwas neben dem Asphalt liegen. Langsam ging er auf das fiepende Wesen zu. Es war ein Schwein. Ein richtiges, echtes Schwein! Es lag verletzt am Straßenrand und atmete schwer. Günther kniete sich zu ihm. »Oh Mann, da hab ich dich ja voll erwischt, armes Ding.« Er streichelte die Sau, die ihn leidend ansah. Günther hatte keine veterinärischen Kenntnisse, trotzdem war er sicher, dass sich das Tier ein Hinterbein gebrochen und ein paar leichte Schürfwunden zugezogen hatte. Ansonsten schien es gesund zu sein. Er versuchte, das verletzte Schwein auf die Ladefläche zu hieven, doch dafür war es einfach zu schwer. Außerdem zappelte es panisch, wenn er versuchte, es anzuheben. Also holte er eine Schubkarre von der Pritsche. Unter lautem Gequieke gelang es ihm, das Tier aufzuladen. Zum Glück hatte sich der Unfall unweit von der Apfelplantage ereignet. So konnte Günther das Schwein auf der Karre bequem nachhause bringen. Es schien sich während dieser Fahrt auch ganz wohl zu fühlen, als habe es diese Reisemöglichkeit bereits kennen und lieben gelernt.

Zu Hause richtete Günther dem Patienten ein gemütliches Lager in der Garage ein. Zum Tierarzt wollte er das Schwein nicht bringen. Zu groß war die Befürchtung, dass der es der Polizei oder dem rechtmäßigen Besitzer melden könnte. Dann würde Günther niemals wieder gutmachen können, was er dem Tier angetan hatte. Das Schwein würde erst behandelt und dann geschlachtet werden. »Es kann ja nicht so schwierig sein, ein *broken* Bein zu schienen.« Doch das Borstenvieh war leider völlig uneinsichtig. Es zappelte und schrie wie verrückt, sobald Günther dem verletzten Bein zu nahe kam. So kam er nicht weiter. Das Tier lag auf der Decke, die er ihm ausgebreitet hatte, und sah ihn ängstlich an. Ständig bereit, sich mit aller Schweine-Energie zu wehren, falls er wieder versuchen sollte, das schmerzende Bein auch nur zu berühren. »Ich glaube, ich hab da was für dich.« Günther ging ins Haus und holte eine Flasche. Das war kein billiger Fusel, sondern echter irischer Single-Malt-Whiskey. »Für die Gäste nur das Beste.« Er goss einen Schluck in eine flache Schale und hielt sie dem Tier hin. Vorsichtig schnupperte es daran, zog sich zurück, schnupperte erneut und tunkte vorsichtig die Zungenspitze in die Flüssigkeit. Im nächsten Moment schlabberte es gierig die Schale leer und forderte Günther auf, nachzugießen. Der tat es zwei-, dreimal. Das Schwein war selig. Fast schien es zu grinsen. Günther konnte nun problemlos das Bein schienen, gönnte sich noch selbst ein Glas und ging zu Bett.

In den nächsten Tagen gelang es ihm, das Schwein so zu fixieren, dass es sich kaum noch rühren konnte. Dabei wurde der gute Whiskey beinah vollständig aufgebraucht. Aber Günther blieb keine Wahl, das verletzte Bein sollte besser nicht belastet werden. Damit sich der Patient nun nicht langweilte, stellte er ihm den Fernseher in die Garage. Offensichtlich gefiel das dem Tier. Reisereportagen schaute es sich besonders gern an. Günther leistete ihm Gesellschaft, so oft es ging. Zuweilen spielte er ihm etwas auf der Gitarre vor.

Nach einigen Wochen konnte das Schwein wieder herumlaufen. Zwar humpelte es ein wenig, doch es hatte offensichtlich keine Schmerzen. Die beiden lebten in einer angenehmen Wohngemeinschaft zusammen. Abends sahen sie gemeinsam fern, manchmal tranken sie ein oder zwei Gläser Whiskey miteinander. Allerdings bestand das Schwein dabei auf gehobene Qualität. Ein Sonderangebot aus dem Supermarkt brauchte Günther ihm gar nicht erst anzubieten. Es war ein schönes Leben. Und doch hatte Günther das Gefühl, dass es auf Dauer so nicht weitergehen konnte. Ein Schwein machte eine Menge Arbeit, kackte dauernd in den Hof und wollte ständig Gesellschaft haben. Ihm blieb kaum noch Zeit, sich um die Apfelbäume zu kümmern. Und dem Schwein würde es wahrscheinlich auch besser gehen, wenn es unter seinesgleichen lebte. Günther machte sich oft Gedanken darüber, wie es mit den beiden weitergehen sollte.

Es war schon spät, als Günther die Gitarre zur Seite legte. »Ich glaube, das Telefon klingelt.« Er stand auf, verließ die Garage und eilte ins Haus. Das Schwein blickte ihm wohlwollend nach. Der Gitarrenmann war wirklich ein netter Zweibeiner. Bestimmt holte er nun noch Whiskey. Die Sau freute sich auf den Schlummertrunk. Doch der Mensch kam mit leeren Händen zurück. Er setzte sich, ohne zu plappern, und spielte einen langsamen Blues. Das Schwein stupste ihn an, um ihn an den Whiskey zu erinnern. Doch er sah es nur an und sagte: »Fritz ist tot.«[1] Mit dem Handrücken wischte er sich eine Träne aus dem Augenwinkel. »Eben hat sein Kumpel Udo aus Hamburg angerufen. Fritz musste nicht leiden. Ist einfach eingeschlafen.« Günther blieb die ganze Nacht in der Garage sitzen und spielte einen Elvis-Song nach dem anderen. Als es draußen langsam wieder hell wurde, stand er auf, strich dem dösenden Schwein freundlich über den Kopf und sagte: »Ich finde, du solltest seinen Namen tragen. Ich nenne dich Elvis.«

Arche Noah

Merle wohnte inzwischen auf dem Gelände der ehemaligen Schweinemastanlage. In dem Bauernhaus, in dem früher einmal ihre Großeltern gelebt hatten. Nun saß sie im Garten auf der grünen Bank und genoss die ersten Frühlingssonnenstrahlen. Auf ihrem Schoß hockte ein Huhn namens Renate. Merle kraulte das braune Gefieder und summte gedankenverloren die Melodie von ›Love me tender‹.

»Na, min Deern.« Der alte Kröger kam nach draußen und reichte ihr einen Kaffee. »Was sinnierst du hier so einsam.«

Merle nahm den Becher und deutete lächelnd auf das Huhn. »Ich bin nicht alleine.«

»Ach ja, die Renate.« Er setzte sich neben die Chefin. »Und? Was habt ihr zwei so Wichtiges zu besprechen?«

Merle lachte. »Gleich kommt die Dame von der Zeitung. Renatchen und ich überlegen uns, was wir ihr erzählen wollen.«

»Ach, die olle Pressetante. Was will die überhaupt hier? Hast du nichts Wichtigeres zu tun?«

---

1 Elvis Aaron Presley, der King of Rock 'n' Roll, starb am 16.08.2007 im Alter von 72 Jahren.

»Ich freue mich, dass sie einen Artikel über uns schreiben möchte. Vielleicht kommen auf diese Weise ein paar Spenden ins Haus.«

Seit Merle vor Jahren den Betrieb radikal umgestellt hatte, herrschte chronischer Geldmangel. Und das, obwohl der einzige verbliebene Angestellte, der alte Kröger, schon lange auf sein Gehalt verzichtete. »Ach min Deern, ich brauche keinen Lohn. Hab ja jetzt meine Rente.« Den Rest der Belegschaft hatte sie ohne Bezahlung nicht halten können. Das war ja auch kein Wunder, fand Merle. Jedenfalls war ihr gar nichts anderes übrig geblieben, als einen großen Teil der Schweine doch zu verkaufen. Es hatte ihr beinahe das Herz zerrissen, tagelang hatte sie um ihre Freunde geweint. Ein paar Tiere konnte sie bei Bio-Bauern unterbringen. Sie hoffte, dass sie es dort wenigstens in der Zeit bis zur unvermeidlichen Schlachtung gut hatten. Allerdings musste sie die meisten doch direkt an den Schlachthof verkaufen. Immerhin lebten einst 3.000 Schweine in den Ställen. So viele konnten sie unmöglich zu zweit versorgen. Und schon gar nicht ohne Einnahmen. Merle hatte nur ein paar Zuchtsauen behalten. Bis an ihr seliges Ende sollten sie einfach nur glücklich und zufrieden im Schlamm wühlen und mit ihren Artgenossen spielen.

Nachdem die Ställe sich ein wenig geleert hatten, fand Merle eines Morgens einen Pappkarton vor der Haustür. »Ach nein, wie niedlich!«, rief sie entzückt, als eines von sechs Kätzchen den Deckel anhob und neugierig sein Näschen in die Luft streckte. Natürlich nahm sie die Katzenwaisenkinder auf. Ebenso die Hundewelpen, die sie wenige Tage später fand. Und die Meerschweinchen, die Kaninchen, einen alten Papagei, der dauernd etwas in einer fremden Sprache aufsagte, eine dreibeinige Ziege und ein blindes Schaf. Einmal fand sie sogar einen Eimer mit Goldfischen vor der Tür. Offensichtlich hatte es sich in der ganzen Welt rumgesprochen, dass jeder bei Merle seine gebrauchten Tiere loswerden konnte. Und sie nahm sie alle auf. Merle liebte die freundlichen Wesen. Doch Geld kam auf diese Weise nicht ins Haus. Zwar waren die Ställe nicht so voll wie zu Papas Zeiten, aber voll genug, dass es eine beinahe unlösbare Aufgabe wurde, all die

Mäuler, Schnäbel und Schnauzen zu stopfen. Landwirte der Umgebung spendeten Grünfutter, und der Tierschutzverein unterstützte sie mit kleinen, regelmäßigen Zahlungen. Doch all das reichte nicht aus und der Schuldenberg wuchs Tag für Tag ein wenig mehr. Mit dem Erscheinen eines Artikels in der Zeitung hoffte Merle auf eine Spendenflut. Oder wenigstens auf ein Spendenflütchen.

»Ich glaube, da kommt sie.« Merle setzte das Huhn auf den Boden, stand auf und ging auf das Auto zu, das soeben auf den Hof gerollt kam.

»Guten Tag. Sind Sie Frau Schultke? Wir haben miteinander telefoniert. Mein Name ist Speckmann, Merle Speckmann.«

Die Reporterin begrüßte sie mit einem strahlenden Lächeln. »Morgen. Schön, Sie zu treffen. Ich bin gespannt, was Sie zu berichten haben.«

Ein bärtiger Mann mit einem Fotoapparat stieg ebenfalls aus dem Auto.

»Ich habe Ihnen Herrn Bachmeier mitgebracht. Er wird ein paar Fotos machen, wenn es recht ist.«

»Wunderbar«, willigte Merle ein. »Ich schlage vor, ich zeige Ihnen den Betrieb. Und Sie fragen mich alles, was Sie wissen wollen.«

Merle führte die Reporterin durch die Ställe. Herr Bachmeier fotografierte dabei ununterbrochen in alle Richtungen. Während sie durch den Betrieb schlenderten, wurden sie von Luzifer, der dreibeinigen Ziege verfolgt und genau beobachtet. Frau Schultke stellte eine Menge Fragen und schielte misstrauisch immer wieder zu dem hinkenden Tier.

»Der olle Bock tut niemandem etwas zuleide«, versicherte Merle. »Der ist bloß fürchterlich neugierig.«

»Und was ist mit den Schweinen? Hatten Sie nicht gesagt, dass es eigentlich eine riesige Schweinemastanlage war?«

»Ja, das ist richtig. Den reinen Produktionsbetrieb habe ich vor Jahren eingestellt. Heute geht es mir ausschließlich um das Tierwohl.« Merle blieb stehen. »Und damit komme ich zu einem großen Problem:

Wir haben hier keine Einnahmen und sind auf freiwillige Unterstützung angewiesen. Könnten Sie in dem Artikel darauf hinweisen, dass wir dringend Spendengelder brauchen?«

»Klar, das lässt sich einrichten. Aber was ist mit den Schweinen? Gibt es hier keine mehr?«

Merle seufzte. »Fast alle von denen, die ich halten konnte, sind inzwischen verstorben.« Im nächsten Augenblick lächelte sie und fuhr fort: »Aber sie haben hier noch eine schöne Zeit gehabt, sie konnten schließlich in Würde und Frieden gehen. Und eine Sau ist mir ja noch geblieben. Kommen Sie, wir gehen zur Queen Elizabeth.«

Merle führte die Gäste über den Hof und plapperte munter weiter. »Die alte Dame ist das letzte Schwein im Betrieb. Sie ist beinahe zwölf Jahre. Das ist ein stolzes Alter für ein Hausschwein. Schon meinem Vater diente sie als Wurfsau.«

Die dreibeinige Ziege hinkte hinter Merle und den Presseleuten her. Frau Schultke schaute sich bei jedem Schritt nach dem Tier um.

»Ist der Bock wirklich ungefährlich? Der guckt ganz böse.«

Merle lachte. »Deswegen heißt er ja Luzifer. Aber keine Sorge. Der tut niemandem etwas zuleide und hat ein Herz aus Gold.« Sie zog eine Möhre aus der Hosentasche und hielt sie ihm hin. »Komm, Luzie!«, rief sie nun mit hoher Stimme. Nachdem die Ziege den Leckerbissen verputzt hatte, bat Herr Bachmeier Merle, dem Tier eine weitere Karotte zu geben.

»Das wird ein prima Foto.«

Die Ziege freute sich über die zweite Nascherei und der Fotograf knipste ein Bild. Anschließend spazierten Merle und Frau Schultke, gefolgt von dem Fotografen und Luzifer, zu einer großen Schweinebox. Dort lag die alte Sau auf Stroh und schnarchte.

»Die Ziege läuft hier frei rum. Wieso nicht das Schwein?«

»Die Tür ist nicht verriegelt. Die Queen kann nach draußen, so oft sie möchte. Aber sie bewegt sich nicht mehr so gern. Am liebsten liegt sie hier und ruht sich aus.«

»Aber im Prinzip können die Tiere frei herumlaufen?«

»So weit wie möglich. Das Gelände ist eingezäunt. Außerdem mussten wir es in mehrere Parzellen unterteilen. Wenn wir die Hunde nicht von den Hühnern trennen würden, gäbe es ein Unglück. Und die flugfähigen Vögel wohnen in ihren Volieren.«

»Was sind das für Vögel?«

»Ich zeig sie Ihnen.«

Sie schlenderten zur hinteren Seite des Gebäudes. Der Fotoapparat klickerte ununterbrochen. Wellensittiche, Kanarienvögel und ein paar wenige Zebrafinken flatterten durch eine große Freiflughalle. Mittendrin saß ein blauer Papagei und plapperte etwas in einer fremden Sprache. Es klang so, als rezitiere der Vogel Gedichte.

»Was redet der da?«, fragte Frau Schultke.

»Keine Ahnung. Ich kann kein Indonesisch.«

»Ach, der spricht Indonesisch?«

»Ich weiß es nicht.« Merle lachte. »Vielleicht ist es auch Chinesisch oder ein alter Maya-Dialekt. Ich weiß es wirklich nicht. Ich habe Coco letztes Jahr vor meiner Haustür gefunden. In einem Schuhkarton.«

Die Reporterin sah nachdenklich zu dem Papagei. Nach einer Weile fragte sie: »Einheimische Vögel haben Sie nicht?«

»Na, die würde ich doch freilassen. Bloß die Exoten können bei uns in freier Wildbahn nicht überleben.«

Nachdem Frau Schultke und Herr Bachmeier den Betrieb verlassen hatten, fragte der alte Kröger: »Und? Wie ist es gelaufen?«

»Ach, gar nicht schlecht, denke ich.«

»Na dann is ja gut.«

Ein paar Tage später erschien der Artikel in der Tageszeitung. Überschrieben war er mit der Zeile: *»Von der Fleischfabrik zur Arche Noah!«* Direkt über der Schlagzeile war ein Bild zu sehen, auf dem Merle Luzifer eine Möhre reichte.

»Vor wenigen Jahren kam der große Umbruch. Bis dahin führte Frau Speckmann eine moderne Schweinemastanlage. Heute steht bei der überzeugten Vegetarierin das Tierwohl an erster Stelle. Merle

Speckmann bietet in der ehemaligen Schweinemast- und Zuchtanlage ausgesetzten und herrenlosen Tieren ein neues Zuhause. ›Hier können sie ohne Furcht und Leid den Rest ihres Lebens verbringen‹, äußert sich die ehemalige Schweinemästerin. Die sympathische und ambitionierte Tierfreundin führt die moderne Arche Noah mit viel Herzblut und Engagement. Dabei ist sie auf wohltätige Spenden angewiesen, denn die Neuausrichtung des Betriebes hat zu finanziellen Engpässen geführt …«

Merle ließ die Zeitung sinken. »Krööööger!«, rief sie und lief auf den Hof. »Hast du schon die Zeitung gelesen?« Das Huhn Renate sprang aufgeregt gackernd aus dem Weg. Luzifer zog sich ebenfalls zurück. Sicherheitshalber. Er wusste dieses Geschrei nicht einzuordnen. Merle fand den alten Kröger schließlich bei der Queen. »Hast du schon die Zeitung gelesen?« Sie fuchtelte mit dem Blatt vor seinem Gesicht herum. Er nahm es ihr aus der Hand und las.

»Das ist ja ein dolles Ding.«

»Ja, und den Spendenaufruf hat die gute Frau auch nicht vergessen.«

»Jau, prima, dann brummt der Laden bald wieder.«

»Und wie!«, rief Merle zuversichtlich.

Und tatsächlich gingen zahlreiche Spenden auf das Konto ein, das am Ende des Artikels angegeben war. Merle konnte ein paar Schulden bezahlen und eine große Futterlieferung beim Großhändler bestellen.

Außerdem meldete sich ein Tierarzt bei ihr, der sich bereit erklärte, ehrenamtlich und unentgeltlich ihre Schützlinge zu behandeln. Einmal im Monat wollte er zukünftig vorbeikommen und nach dem Rechten sehen.

Merle war begeistert.

Jesus

Wochenlang hatte Sven seinen Handlanger damit aufgezogen, dass er sich von einem Schwein hat austricksen lassen, aber schließlich vergaßen sie die ganze Angelegenheit. Da beide wenig Lust verspürten, wieder im Gefängnis zu landen, verzichteten sie meistens darauf, ihre Finanzen mit illegalen Methoden aufzubessern. Frank führte, so gut es ging, den gemeinsamen Haushalt. Und Sven arbeitete weiter im Schlachthof. Inzwischen war er für die Hinrichtung von Rindern und Pferden zuständig. Das hier verwendete Bolzenschussgerät konnte er auch mit der verkrüppelten Hand problemlos bedienen. Als Sven am Freitagabend nach Schichtende das Bolzenschussgerät an den dafür vorgesehenen Nagel hängen wollte, geschah ihm ein kleines Missgeschick. Offensichtlich hatte er es versäumt, das Gerät zu sichern. Als er den Auslöser berührte, ganz leicht nur, da ertönte ein Knall und der Edelstahlbolzen, der sich gerade noch im Lauf befunden hatte, durchschlug seinen Fuß. Sven bemerkte zunächst gar nicht, dass er getroffen war, doch sein Kollege Axel wurde kreidebleich und rief erschüttert: »Jesus Christus!« Dann fummelte er nervös sein Mobiltelefon aus der Jackentasche und stammelte: »Ich rufe einen Krankenwagen.«

»Nun stell dich nicht so an. Der Bolzen ist auf der unteren Seite wieder rausgekommen, also ist alles in Ordnung.«

Axel wickelte ein paar Rollen Verband um den durchlöcherten Fuß und rief dauernd »Jesus Christus!« Sven wäre gern in der Lage gewesen, Schmerzen zu spüren. Der bloßen Form halber sagte er: »Aua«, und warf den blutigen Schuh in den Müllcontainer. Den hätte er nun sowieso nicht mehr über das dicke Bündel an seinem Fuß ziehen können. »Tschüss, Axel«, sagte er noch kurz und ging zum alten Ford. Dass er dabei humpelte, lag nicht an der frischen Schussverletzung.

Auf dem Weg nachhause grübelte Sven darüber nach, wieso Axel ausgerechnet »Jesus Christus!« und nicht »Ach du Scheiße!« oder irgendetwas anderes gerufen hatte. Offensichtlich war sein Kollege ein besonders religiöser Mensch. Das hatte Sven vorher nicht gewusst.

Möglicherweise rannte der Kerl jeden Sonntag in die Kirche, sang heilige Lieder und spendete ein paar Euro. Das brachte Sven auf eine fabelhafte Idee. Sie erschien ihm so verlockend, dass er sich diese Chance auf gar keinen Fall entgehen lassen wollte.

»Was ist mit deinem Fuß?«, fragte ihn Frank, als er nachhause kam.

»Pack das Werkzeug zusammen. Ich habe einen Plan.«

»Ach nee, will nicht schon wieder in den Bunker.«

»Schnauze, da kann nichts schiefgehen. Ist todsicher, das Ding.«

Kurz darauf fuhren sie in dem rostigen Ford durch die Nacht.

»Ich habe mir Gedanken über Religion gemacht.«

»Alter, echt?«

»Klar Mann. Die Jesus-Leute schleppen jeden Sonntag haufenweise Spenden zu den Pfaffen. Und wo wird der ganze Schotter gelagert?«

»Keine Ahnung.«

»In den Kirchen natürlich, du Dussel.« Sven hielt den Wagen vor einem Gotteshaus.

»Na und?«

»Mann, denk doch mal nach. Der Pastor muss doch an das Gute im Menschen glauben. Dazu ist der doch verpflichtet, allein schon aus beruflichen Gründen.«

»Was?«

Sven seufzte. Warum konnte Frank nicht einfach mal irgendetwas auf Anhieb kapieren? »Wahrscheinlich sichert er die Spenden gar nicht richtig. Vielleicht ist nicht einmal abgeschlossen. Wir können reinspazieren und uns das Geld greifen. Ich wette, es gibt nicht einmal Überwachungskameras.«

»Alter, cool!«

Das Gebäude war zwar verriegelt, doch die Tür ließ sich schnell aufbrechen. Kurz darauf standen die beiden Ganoven in der dunklen Kirche.

»Alter, und wo ist jetzt die Kohle?«

»Keine Ahnung. Wahrscheinlich gibt es hier so eine Art Büro oder sowas.«

Sven humpelte durch den Mittelgang auf den Altar zu. Frank folgte ihm.

»Ey, guck mal, das is bestimmt voll das echte Gold.« Frank zeigte auf ein riesiges Kruzifix, das an der Seitenwand hing.

»Zumindest ist es vergoldet. Aber mitschleppen können wir das Teil nicht.«

Sven kratzte mit dem Fingernagel prüfend daran herum. »Versuch doch mal, ob du was mit dem Schraubenzieher abkriegst. Ich suche so lange das Büro.«

Frank machte sich gehorsam an die Arbeit.

Hinter dem Altar stieß Sven auf ein unscheinbares Türchen. Da es verschlossen war, musste sich etwas Wertvolles dahinter verbergen. Gerade wollte er die Brechstange ansetzen, da hörte er ein lautes Poltern. Vorsichtig linste er hinter dem Altar hervor. Im Dämmerlicht konnte er kaum etwas erkennen. Undeutlich nahm er wahr, dass der Gekreuzigte nicht mehr an seinem Platz hing. Und Frank war weder zu sehen noch zu hören. Eine Weile lauschte Sven in die Stille. Da nun nichts weiter geschah, humpelte er vorsichtig durch die Bankreihen bis an die Stelle, wo er sich von Frank getrennt hatte. Da lag er ja. Neben dem riesigen Kruzifix. Offensichtlich war es von der Wand gefallen und hatte den Gehilfen erschlagen. »Das ist schade«, stellte Sven fest. Er fühlte jedoch wie üblich keine Spur von Mitleid. Ungerührt packte er das Werkzeug zusammen und wollte gehen. Da öffnete Frank die Augen und sprach: »Wahrlich, ich habe das Licht gesehen.«

»Was?«

»Mein Bruder.« Frank richtete sich auf und lächelte ihn an. »Und ich sage dir, es war glänzend und wunderbar.«

»Was?«, wiederholte Sven.

Frank ging, nein, er wandelte zu Sven. Das Blut aus einer Kopfwunde lief ihm dabei über die Stirn. »Mein Bruder!« Er legte ihm die Hand auf die Schulter. »Es war glänzend und wunderbar.«

Sven schob ihn zur Seite und ging. Sein Handlanger war ganz eindeutig verrückt geworden. Nicht nur unterbelichtet, wie er es gewohnt war. Nein, nun war er wirklich und wahrhaftig richtig verrückt geworden. So war er überhaupt nicht mehr zu gebrauchen. Sven musste sich wohl einen neuen Deppen suchen. Oder vielleicht auch nicht. Vielleicht war er auf sich alleine doch besser gestellt. Was hatte Frank ihm schon für Nutzen gebracht? Als Einbrecher taugte der Spinner jedenfalls nicht. Und den Haushalt hatte er auch nicht anständig geführt. Die Wohnung stank und sah aus wie Sau. Nein, Sven weinte ihm keine Träne hinterher. Eigentlich konnte er sich freuen, dass er diesen Klotz am Bein endlich los war. Er öffnete die Tür und trat ins Freie. Wenn allerdings die Bullen nun den verrückten Frank finden würden, könnte es Probleme geben. Verdammt, dieser Neo-Jesus wird sich auf seinen Dachschaden berufen und Sven wird alleine in den Knast wandern. »Nee, mein Freundchen, so haben wir nicht gewettet.« Er kehrte um und humpelte zurück in die Kirche. »Komm, wir gehen. Ich lasse dich nicht im Stich, Kumpel.« Doch bevor Frank-Jesus mit ihm kam, bestand er darauf, Sven die Hand aufzulegen.

»Wieso? Was soll das?«

»Mein Bruder, dein Bein ist gebrechlich. Ich will dich heilen.«

»Mann, so gehe ich schon, seit ich ein Hosenscheißer war, da ist nichts zu machen.«

»Unsinn! Vertraue mir.« Er legte die Hand auf Svens Oberschenkel, schloss die Augen und murmelte vor sich hin. Dann lächelte er und rief fröhlich: »Du bist geheilt, mein Bruder, gehe dahin, es wird kein Hinken mehr sein. Halleluja!«

»Okay. Alles klar. Jetzt komm mit, bevor die Bullen uns einsacken.«

Sven nahm den komischen Jesus an die Hand und zog ihn mit sich nach draußen. Auf dem Weg zum rostigen Ford humpelte er noch genauso wie zuvor, doch sein heiliger Begleiter weigerte sich, das zu bemerken. Dauernd rief er »Halleluja!« und »Es ist ein Wunder geschehen!«

Am nächsten Morgen wurde Sven von der Haustürklingel geweckt. Zunächst wollte er sie ignorieren, doch sie gab einfach keine Ruhe.

Schließlich stand er genervt auf und öffnete. Vor ihm standen zwei Polizisten.

»Guten Morgen. Sie wissen, warum wir hier sind?«

»Nö, was gibt es?«

»Was haben Sie denn gestern Abend gemacht?«

Sven zuckte mit den Schultern.

»Waren Sie in der Kirche?«

»Hör mal«, mischte sich der zweite Polizist ein, »wir haben eine Menge Blutspuren und Fingerabdrücke gesichert. Wenn ihr was mit der Sache zu tun habt, wissen wir es spätestens, sobald die Kollegen aus dem Labor sich …«

»Meine Brüder, so tretet doch ein.« Jesus kam vom Klo. »Mein Haus ist auch euer Haus.« Mit einer Geste lud er die Beamten ein, ihm in die Küche zu folgen. Sven blieb nichts anderes übrig, als hinterherzuhumpeln.

»Darf ich euch ein erquickendes Heißgetränk anbieten? Oder wollen wir gemeinsam ein Lied singen?«

»Äh«, sagte einer der Polizisten und schaute etwas ratlos zu seinem Kollegen. Der wiederum zuckte nur mit den Schultern und sah ebenso ratlos zu Sven. Doch der grinste bloß und setzte sich. Das konnte ja noch lustig werden.

Jesus begann zu singen. Ein merkwürdiges Lied über einen Hirten, der seine Schafe in einem Fluss ertränkte, oder so ähnlich. Und dauernd hieß es »Halleluja«.

»Äh«, wiederholte der Polizist. Der zweite Beamte zuckte erneut mit den Schultern und fragte Sven: »Was ist denn mit deinem Kumpel los?«

Bevor Sven etwas antworten konnte, unterbrach Jesus sein Lied und rief: »Ich habe das Licht gesehen. Und es war glänzend und wunderbar.«

»Das kann ja mal vorkommen, nicht wahr?«, sagte der Polizist verlegen.

»Ja, genau«, meinte Sven, »seit mein Freund so plemplem ist, steht er voll auf religiöses Zeug. Und letzte Nacht ist er mir ausgebüxt. Da war ich echt extrem besorgt, Herr Hauptkommissar. Habe die ganze Stadt abgesucht, bis ich den armen Kerl endlich gefunden habe. In einer Kirche.«

»Halleluja!«

»Ich verstehe. Kümmern Sie sich denn ganz alleine um ihn?«

»Aber ja, natürlich. Was soll ich machen? Er ist doch mein Freund.«

»Tja, ich hatte mal eine Tante, die war auch so ein bisschen ... Jedenfalls werde ich mit dem Pastor reden. Ich denke, angesichts der Umstände wird er von einer Anzeige absehen.«

Die beiden Polizisten gingen. Zum Abschied sagte einer von ihnen: »Ich finde es ganz toll, wie Sie sich um ihn kümmern. So viel soziales Engagement gibt es nicht mehr oft in der heutigen Zeit. Wirklich, ich habe ganz großen Respekt vor Leuten wie Ihnen.«

»Und wenn er mal wieder ausbüxt, der Heiland, kannst du uns anrufen. Wir kommen sofort.«

Sven schloss die Tür.

»Sind die Polizisten schon weg?« Jesus klang enttäuscht. »Ich wollte ihnen doch noch die Hand auflegen.«

Elvis trifft die Queen

Manchmal spielte Günther dem Schwein die unsterblichen Songs von Elvis vor, manchmal einen Blues oder auch eine moderne Popnummer. Gelegentlich sogar einen Hit der deutschen Sängerin Helene Fischer. Bloß von Nirvana spielte er nie etwas. Seine eigene Musik von früher fand er inzwischen zu aggressiv und viel zu wild. Überhaupt hatte Günther sich sehr verändert. Drogen nahm er schon lange nicht mehr. Wozu auch? Die hatte er nur gebraucht, weil sonst nichts gegen die entsetzlichen Magenschmerzen geholfen hatte. Seit er nicht mehr wie früher auf Tour ging, sondern still und friedlich auf der Apfelplantage lebte, waren die grässlichen Magenkrämpfe verschwunden. Ebenso seine ›Schlafkrankheit‹, die Narkolepsie. In gesundheitlicher

Hinsicht war also der Selbstmord ein voller Erfolg gewesen. Niemals hätte Günther als Kurt Cobain so glücklich werden können, wie er es heute war. Ab und an bekam er Besuch von Kim, dem Elvis-Imitator. Dann spielten sie gemeinsam dem Schwein etwas vor. Dabei lachten sie viel und dachten oft an den alten Fritz. »Wenn du das alberne Elvis-Gehabe nicht ablegst«, ahmte Kim den Verstorbenen manchmal nach, »dann fliegst du hier raus!« Dabei schwang er die Hüfte, wie bei einer Elvis-Show. »Darauf kannst du deinen Arsch verwetten!«

Wenn Kim ihn gerade nicht besuchte, lebte Günther glücklich und zufrieden mit dem Schwein Elvis in harmonischer Zweisamkeit. Die beiden genossen den beschaulichen Frieden auf dem Lande. Es hätte ein *Happy End* sein können, doch es gab etwas, das Günthers idyllische Welt trübte: die Sorge um Elvis. Er lebte gern mit dem Tier zusammen. Er genoss es, einem so freundlichen Musikliebhaber etwas vorspielen zu können, er liebte die gemeinsamen Abende vor dem Fernseher und die Spaziergänge zu zweit durch die Apfelplantage. Und es war ganz wunderbar, morgens von dem Garagenbewohner begrüßt zu werden. »Aber das ist doch kein Leben für ein Schwein. So ganz allein unter Menschen.« Etwas traurig dachte er an die Zeit zurück, als er selbst niemals alleine war, aber doch furchtbar einsam. Als er noch ein Rockstar war. Damals hatte er eben nicht das Gefühl gehabt, unter seinesgleichen zu leben.

Während Günther sich um das Glück des Schweines sorgte, grunzte Elvis wohlig in seinem Schlafkorb und drehte sich noch einmal um. Einfach weil es so schön kuschelig war. Das Schwein war ausgesprochen zufrieden mit seiner Situation. Wäre es damals nicht von dem kleinen Bauernhof entführt worden, wäre es zwar ein Bio-Schwein geblieben, aber dafür wäre es schon längst vom Schlachter hingerichtet worden. Und hätte der Gitarrenmann es nicht nach dem Unfall aufgenommen und gesund gepflegt … Wer weiß, wo es heute wäre? Nun lebte es zufrieden in seiner Garage bei dem freundlichen Zweibeiner. Ja, Elvis hatte es gut getroffen. Schließlich verließ das Schwein den gemütlichen Schlafplatz und humpelte in den Garten hinaus. Dort wurde es höflich von Günther begrüßt. Das Menschenwesen tätschelte den Schweinerücken, nahm die Morgenzeitung aus dem Briefkasten und ging zurück ins Haus. Heute Abend könnte es mal wieder einen schönen Whiskey vertragen, dachte das Schwein und hoffte, der freundliche Gitarrenmann würde ihm endlich mal wieder einen anbieten.

Günther kochte einen Kaffee und setzte sich mit der Zeitung an den Küchentisch. Etwas gelangweilt überflog er Politik und Wirtschaft und stieß schließlich auf einen Artikel über eine ehemalige Schweinemastanlage. »Von der Fleischfabrik zur Arche Noah« Günther las den Bericht durch, ließ die Zeitung sinken und starrte eine Weile die Wand an. »Die Queen«, murmelte er schließlich, »die müssen wir kennenlernen.«

Je länger Günther darüber nachdachte, desto überzeugter war er davon, dass es für Elvis nur in der ehemaligen Schweinemastanlage eine gute und erfüllte Zukunft geben könnte, an der Seite von Queen Elizabeth, unter seinesgleichen.

Am Vormittag ließ er das Schwein auf dem Beifahrersitz des Lieferwagens Platz nehmen. Wenn sie mit dem Auto fuhren, saß Elvis immer dort, obwohl der Sitz für das große Tier eigentlich zu klein war. »Einen Freund nimmt man doch nicht auf der Ladefläche mit.« Auf dem Weg zur ehemaligen Schweinezucht- und Mastanlage hielt Günther vor dem Spirituosengeschäft. Er holte zwei Flaschen Single-Malt-Whiskey. Vielleicht würde sich Elvis leichter an sein neues Zuhause gewöhnen, wenn er abends ein Gläschen bekam.

»Es ist ja nicht so, dass ich dich loswerden möchte, mein Freund.« Sie fuhren mit siebzig Stundenkilometer über die Landstraße. Günther hatte das Radio ausgestellt, um mit Elvis zu reden. »Du darfst nicht vergessen, dass du ein Schwein bist, und ein Schwein ist eben ein Schwein und kein Mensch. Du solltest mit deinesgleichen zusammenleben, mit Freunden im Dreck wühlen und rumquieken, eben solche Dinge tun.«

Ein kleiner, roter Sportwagen überholte. Der Mann am Steuer zeigte Günther einen Vogel und hupte. Hinter dem Lieferwagen hatte sich inzwischen eine Schlange gebildet.

»Es ist einfach nicht normal, dass du abends vor dem Fernseher sitzt und edlen Whiskey schlürfst, anstatt ein richtiges Schweineleben zu führen. Und ich kann dich besuchen. Wenn du magst, komme ich jeden Tag vorbei, hörst du, Elvis, jeden Tag. Bis du eine hübsche Braut gefunden hast und nichts mehr von mir wissen willst. Ich bringe meine Gitarre mit und spiele dir was vor.« Günther wischte mit dem Zeigefinger eine Träne aus dem Augenwinkel. »Das verspreche ich dir, mein Freund«, krächzte Günther ergriffen und schwieg.

Merle hatte gerade den Tierarzt verabschiedet, da rollte ein zerbeulter Pritschenwagen auf den Hof. Der Fahrer hielt vor dem ehemaligen Großstall, schaltete den Motor ab und rührte sich zunächst nicht. Merle konnte erkennen, dass neben ihm ein Schwein saß. Auf dem Beifahrersitz. Sie überlegte gerade, ob sie rübergehen und den Gast begrüßen sollte, da öffnete der die Tür und kam langsam auf sie zu. Er trug halblanges Haar, das am Scheitel schon etwas dünner wurde. Merle schätzte ihn auf Anfang vierzig, ein paar Jahre älter als sie selbst.

»Guten Tag, mein Name ist Günther.«

»Ich bin Merle.«

»Ich hab ein Schwein im Auto.«

»Hab ich gesehen«, antwortete sie und dachte: »Was ist das bloß für ein Akzent? Und warum hat er so rote Augen, hat er geweint? Sein kariertes Hemd, naja, ich weiß nicht.«

»Möchtest du es sehen?«

»Was?«

»Das Schwein. Möchtest du es dir mal anschauen.«

»Ja, gerne.«

Nachdem er die Sau aus dem Wagen geholt hatte, bemerkte Merle: »Das Tier humpelt ja.«

»Ich habe Elvis aufgenommen, nachdem er von einem Auto angefahren wurde.« Günther sah auf den Boden und scharrte mit der Stiefelspitze im Dreck herum. »Es war nicht einfach, ihn wieder aufzupäppeln.«

»Komm mal her, Schweinchen.« Merle hockte sich hin und lockte das Tier mit einem Leckerbissen an.

»Er heißt Elvis.«

Merle sah dem Schwein in die Augen und in die Ohren. Sie tastete den Bauch ab und untersuchte sorgfältig das Gebiss und die Klauen.

»Wir haben in der Zeitung von dir gelesen«, erklärte Günther. »Und da haben wir uns gedacht, dass er es hier besser haben würde als zu Hause in seiner Garage.«

»Wieso?«

»Naja, so ein Schwein sollte doch mit Schweinen zusammenleben. Vielleicht kann mein Freund sich ja mit der Queen anfreunden. Vielleicht wollen die beiden eine Familie gründen.«

Merle lachte. »Dir ist schon klar, dass die Queen uralt ist. Im Vergleich zu ihr ist deine Elvis eine junge Dame.«

»Ist er das?«

»Ja, das ist *sie*.«

»Tja.« Ratlos kratzte Günther sich am Hinterkopf.

»Wir können ja mal die Queen besuchen und schauen, wie die beiden aufeinander reagieren. Echte Freundschaft gibt es sowieso nur unter Frauen.«

Kurz darauf standen die beiden Menschen im Stall der Queen und beobachteten, wie die Tiere sich freundlich beschnupperten.

»Und du meinst wirklich, Elvis ist eine Sau. Eine Frau?«

»Da gibt es keinen Zweifel. Trotzdem ist es natürlich richtig, dass ein Schwein am besten mit anderen Schweinen zusammenleben sollte. Sieh mal, die beiden verstehen sich gut. Die Queen ist sogar aufgestanden und spaziert ein bisschen herum.«

Elvis und Elizabeth freundeten sich schnell miteinander an. Günther kam, wie versprochen, täglich zu Besuch. Dabei spielte er den Tieren oft etwas auf der Gitarre vor und trank mit Elvis noch so manches Gläschen. Die Queen dagegen mochte keinen Whiskey. Darüber war Günther ganz froh, denn das Zeug war ja nicht gerade billig. Außerdem hatte er den Eindruck, dass Merle nicht der Meinung war, dass es das richtige Getränk für Schweine war. Da Günther sowieso jeden Tag kam, ging er ihr und dem alten Kröger gern zur Hand. Mit den Tieren konnte er gut umgehen und einige von ihnen mochten es, wenn er ihnen etwas vorspielte. Besonders Coco, der blaue Papagei, liebte seine Musik. Gern sagte er dazu seine Gedichte auf. In einer Sprache, die niemand verstand. Dabei zeigte es sich, dass der Vogel über ein erstaunliches Rhythmusgefühl verfügte. Natürlich bekam Günther kein Geld für seine Hilfe. Im Gegenteil, er spendete sogar gelegentlich etwas für den Betrieb.

Wenn er nicht gerade Ställe ausmistete, sich mit Elvis unterhielt oder den Tieren etwas vorspielte, saß er oft und gern mit Merle und dem alten Kröger in der Küche oder bei schönem Wetter vor dem Haus. Dort tranken sie gemeinsam Kaffee und unterhielten sich. Ohne es geplant zu haben, hatte Günther nicht nur Elvis ermöglicht, unter seinesgleichen zu leben, sondern er selbst hatte ebenfalls gute Freunde gefunden.

Ein halbes Jahr nachdem Elvis bei der Queen Elizabeth eingezogen war, starb übrigens Kim Jong-il aus Nordkorea. Sein Sohn Kim Jong-un übernahm den Posten des Diktators. Und ein bisschen sah der neue Machthaber aus wie ein ehemaliger Elvis-Imitator aus Norddeutschland.

Jesus und Merle

Sven ging mit Jesus spazieren. Eigentlich hasste er es, durch die Gegend zu latschen. Erst recht, wenn er den Vormittag über im Schlachthof am Fließband gestanden hatte. Aber wenn der Kerl nicht ausreichend Bewegung an der frischen Luft bekam, wurde er bis zum Abend nicht richtig müde. Und dann konnte es durchaus passieren, dass Jesus die ganze Nacht durchpredigte. Da führte er diesen Spinner lieber ein paar Schritte vor die Tür.

»Wahrlich, ich sage dir, die Vögelein am Himmel und die Fischlein in den Seen …«

Sven kickte etwas genervt eine alte Cola-Dose in den Rinnstein.

»Sorgen sie sich um das, was morgen ist? Nein, denn sie brauchen sich nicht zu plagen. Sie brauchen nicht zu schaffen und weltliche Güter anzuhäufen. Sie vertrauen darauf, dass alles gut werden wird. Und siehe, ich sage dir, sie tun gut daran, denn es wird sich zum Guten fügen.«

»Kannst du nicht mal was Sinnvolles tun? Wasser in Wein verwandeln, oder so? Oder noch besser in Bier?«

Jesus lachte kurz und fing an zu singen: »Halleluja, trallala!«

Es war ein grauer, kalter Nachmittag. Die feuchte Luft kroch unangenehm durch die Kleidung. Sven hatte keine Lust auf zweifelhaften heiligen Gesang.

»Halt doch endlich mal die Schnauze, verdammt!«

Jesus ließ sich nicht von Svens Gemotze beeindrucken, hörte aber wenigstens für eine Weile auf zu singen. Stattdessen summte er leise vor sich hin. Als sie an den Stadtsee kamen, huschte ein Lächeln über sein Gesicht.

»Ich werde auf den Fluten wandeln.«

»Einen Scheiß wirst du. Komm, wir gehen nachhause.«

»Siehe, die Wogen trachten danach, mich zu verschlingen und dennoch …«

Er patschte durch das Schilf und den Matsch.

»Jesus! Lass das, verdammt!«

Der heilige Mann ließ sich nicht beirren und watete durch die schlammige Uferzone in den offenen See hinaus.

»Du Idiot! Komm da raus. Wir gehen jetzt nachhause. Gleich kommt die Sportschau.«

»Ich wandele auf den Fluten über den See hinweg.« Das Wasser reichte Jesus bereits bis an die Brust.

»Du kommst jetzt zurück! Sofort!«

Doch er ließ sich nicht aufhalten und bahnte sich seinen Weg stur durch das eisige Wasser. »Halleluja!«, rief er noch einmal, bevor er unter der Oberfläche verschwand. Verblüfft starrte Sven auf die Luftblasen, die an der Stelle aufstiegen, an der Jesus soeben verschwunden war.

»Nicht schlecht«, murmelte er, »die meisten Probleme lösen sich eben doch von alleine.«

Er wollte sich umdrehen und nachhause gehen, da fiel ihm noch rechtzeitig ein, was für ein Theater es gäbe, wenn der verrückte Heiland als Wasserleiche wieder auftauchen würde. Die beiden Bullen konnten sich mit Sicherheit daran erinnern, dass er auf seinen irren Freund aufpassen wollte. Sie werden unbequeme Fragen stellen. Und wer weiß? Wahrscheinlich werden sie es so hindrehen, dass er die ganze Schuld bekommt und ruckzuck wieder eingelocht wird. Seufzend zog Sven Jacke und Schuhe aus und sprang in das eisige Nass. Kurz darauf zog er den prustenden Heiland aus dem Wasser.

»Mein Bruder, ich habe das Licht gesehen!«

»Halts Maul!«

»Es war glänzend und hell!«

»Du sollst die Fresse halten!«

»Hast du gesehen, wie ich über das Wasser gewandelt bin?«

Sven zog ihn hinter sich her und marschierte mit festen Schritten durch den Park zurück nachhause. Noch als er sich die Sportschau ansah, schwärmte Jesus davon, wie schön er über das Wasser gelaufen war und wie wunderbar glänzend und hell das Licht ihm geleuchtet habe. Und zwischendurch rief er dauernd »Halleluja«. Sven konnte sich gar nicht richtig auf das Fußballspiel gegen die Bayern konzentrieren. Verdammt, so konnte das nicht weitergehen! Und da kam ihm ganz plötzlich und überraschend die Lösung in den Sinn: Als Jesus noch nicht plemplem, sondern einfach nur etwas schwer von Begriff war, als er noch kein Heiliger, sondern einfach nur Frank war, da hatte er einmal erwähnt, dass er eine Schwester hatte. Die lebte auf dem Land und führte eine riesige Schweinemastanlage. Da konnte sie doch auch ihren verrückten Bruder durchfüttern. Sven rülpste und sah zu Jesus. »Da bringe ich dich hin. Soll die sich doch kümmern.«

»Halleluja!«

Am nächsten Vormittag ließ er Jesus auf dem Beifahrersitz im rostigen Ford Platz nehmen und fuhr los.

»Es ist ja nicht so, dass ich dich loswerden möchte«, log er ihn an, »aber du wirst es dort besser haben, mein Freund.«

»Ich bin das Licht der Welt.«

»Vielleicht komme ich dich ja mal besuchen. Mal sehen.«

Merle hatte gerade den Tierarzt verabschiedet, da rollte ein rostiger Ford auf den Hof. Der Fahrer hielt vor dem ehemaligen Großstall, schaltete den Motor ab und rührte sich zunächst nicht. Sie konnte erkennen, dass auf dem Beifahrersitz noch jemand saß. Gerade überlegte sie, ob sie rübergehen und die Gäste begrüßen sollte, da öffnete der Fahrer die Autotür und humpelte auf sie zu. Merle schätzte ihn auf Anfang vierzig, ein paar Jahre älter als sie. Als er endlich vor ihr stand, klappte der Fremde ein paarmal den Mund auf und wieder zu und starrte sie wortlos an.

»Moin«, begrüßte sie ihn schließlich.

Der komische Typ sagte immer noch nichts. Er japste ein paarmal und brachte endlich ein »Äh« über die Lippen.

»Ich bin Merle.«

»Ich bin Jesus und im ... nee, umgekehrt ... ich bin *Sven* und im Auto sitzt Jesus.«

»Was?«

»Jesus. Im Auto. Möchtest du ihn sehen.«

»Tja, wieso nicht?«

Sie zuckte mit den Schultern und ging auf den Wagen zu.

Langsam folgte Sven der Frau, die sich ihm als Merle vorgestellt hatte. Ein paar Meter vor der Karre blieb sie stehen. Plötzlich machte sie einen Satz zur Beifahrertür und riss sie auf. Dabei rief sie etwas, doch Sven konnte sie nicht verstehen. Sie zog ihren verrückten Bruder aus dem Auto und umarmte ihn. Als sie ihn an sich presste, gab sie komische Geräusche von sich. Sven war nicht sicher, ob es sich dabei um ein Schluchzen oder um eine Art Kichern handelte. Zunächst schwankten die beiden in inniger Umarmung ein wenig hin und her.

Die Bewegungen wurden langsamer und langsamer und schließlich standen Merle und Jesus einfach nur bewegungslos rum. Sie atmeten noch, aber ansonsten rührten sie sich nicht mehr. Und sie sprachen kein Wort. Sven kam sich überflüssig vor. »Tja, ich fahr dann mal wieder«, meinte er schließlich. Jesus schwieg. Nicht einmal ein nerviges »Halleluja« brachte er über die Lippen. Auch Merle hielt es nicht für notwendig, wenigstens »Auf Wiedersehen« zu sagen. Sie blieb regungslos stehen, atmete und umklammerte den verlorenen und wiedergefundenen Bruder. Sven drückte sich an den Geschwistern vorbei und setzte sich in den Ford. »Vielleicht schaue ich in den nächsten Tagen mal vorbei«, sagte er noch und fuhr langsam vom Hof. Zunächst war er etwas niedergeschlagen. Er wunderte sich über sich selbst, denn eigentlich müsste er sich doch fantastisch fühlen. Immerhin war er den heiligen Klotz am Bein losgeworden. Jesus war Geschichte, Vergangenheit. Diese Merle war doch tatsächlich bereit, sich um den Spinner zu kümmern. Sie hatte ihn einfach so bei sich zu Hause aufgenommen. Allmählich besserte sich Svens Stimmung. Diese Merle war schon eine tolle Frau. Und hübsch war sie auch. »Sie ist ganz anders als Jesus«, murmelte er. Ihm wurde komisch im Kopf. »Sie ist so nett und irgendwie – anmutig und engelsgleich.« Merkwürdig befreit lachte er auf. Im nächsten Moment wurde er wieder still und nachdenklich und spürte eine sonderbare Erhabenheit in sich. Und gleichzeitig war er niedergeschlagen, oder so ähnlich. Eine seltsame Stimmung, ein fremdes Gefühl machte sich breit, irgendwo zwischen dem Magen und der Lunge. Oder war es zwischen dem Herz und der … äh … der Dings … der Seele, oder so? Außerdem wurde ihm ganz schwindlig. »So ungefähr muss sich wohl Schmerz anfühlen, bloß nicht so schön.«

Ein roter Sportwagen überholte ihn hupend. Der Schnösel am Steuer zeigte ihm einen Vogel. Sven hatte gar nicht bemerkt, dass er nur mit knapp 70 Stundenkilometern über die Landstraße kroch. Hinter dem alten Ford hatte sich bereits eine Schlange gebildet. Sven lachte fröhlich und beschleunigte.

Am nächsten Morgen besuchte er Jesus in der ehemaligen Schweinemastanlage. »Ich wollte mal sehen, wie es dir so geht.« Bevor der Spinner »Halleluja« antworten konnte, drückte Sven Merle, die neben dem Bruder stand, einen Blumenstrauß in die Hand. »Guten Tag, ich bin der Sven.« Sofort fiel ihm auf, wie dumm es war, sich erneut vorzustellen. »Ich meine: Hallo, wie geht's?« Sein Gesicht fühlte sich plötzlich ganz heiß an.

Merle lachte und sagte: »Ich muss jetzt die Schweine füttern.« Sie warf die Blumen auf die grüne Gartenbank, drehte sich um und ging fort. »Was für eine tolle Frau«, murmelte Sven, während eine dreibeinige Ziege die Blumen fraß.

Er kam nun beinahe jeden Tag. Zwar gab er vor, Jesus zu besuchen, aber natürlich war es Merle, die ihn lockte. Ihr zuliebe mistete Sven die Ställe aus, mischte das Futter an, reparierte auch mal einen Zaun, reinigte Futtertröge oder die Tränken. Dabei war er ständig bemüht, Merles Blicke auf sich zu ziehen. Schwere Lasten hob er lächelnd mit einer Hand, und als er den Hof neu pflasterte, tat er es so, als wäre es überhaupt nicht anstrengend. Die Predigten von Jesus ließ er mit einem geduldigen Lächeln über sich ergehen und auch im Umgang mit den Tieren war er stets freundlich und sanft. Vergessen war das Bolzenschussgerät, vergessen war die Maloche im Schlachthof. Bei jeder Gelegenheit schielte er zu Merle, und wenn sie ihm ein Lächeln schenkte, war der Tag für ihn ein wunderbarer.

Bei den Besuchen lernte Sven auch Günther kennen. Der kam ebenfalls täglich in den Betrieb, um mit anzupacken. Und natürlich um das Schwein zu sehen. Der alte Kröger wurde ebenso wie Günther ein guter Freund für Sven. Sogar mit Jesus fühlte er sich irgendwie verbunden. Auch mit Elvis, Luzifer und all den anderen Tieren. Ja, er hatte beinahe das Gefühl, er habe eine Familie gefunden. Doch die wichtigste Person blieb natürlich Merle. Die liebe, hübsche und wunderbare Merle, die in seinem Herzen immer eine echte Königin, eine wahre Göttin bleiben sollte. Die wunderbare Merle, die herrenlose Tiere sammelte wie andere Leute alte Vasen oder Modelleisenbahnen, die großartige

Merle, die ihren verrückten Bruder aufgenommen hatte, als wäre er ein unheimlich toller Typ und kein blöder Idiot.

Heile Welt

Wie zuvor der alte Kröger, der nach dem Tod seiner Frau etwas traurig und einsam gewesen war, zog auch Jesus bei Merle ein. Und Sven durfte ebenfalls dort wohnen. Fast schien es, als sammle die ehemalige Schweinemästerin nicht bloß Viecher, sondern auch komische Typen. Und all die Leute, ob sie nun zwei oder vier Beine hatten, wuchsen zu einer glücklichen Familie zusammen. Günther Meierlein gehörte auch dazu, obwohl er weiter auf seiner kleinen Apfelplantage wohnte. Beinah täglich besuchte er Elvis, Merle, Jesus und all die anderen Menschen und Tiere in der ehemaligen Schweinemastanlage.

Happy End – Ach nee, doch nicht

Der ehemalige Kurt Cobain stand auf einer wackeligen Klappleiter und knipste Wasserreiser aus einem Apfelbaum. Es war der 20. Februar 2017. Heute war Günthers fünfzigster Geburtstag. Draußen herrschte leichter, trockener Frost. Optimale Bedingungen für den Obstbaumschnitt. »Das war der letzte für heute.« Er streckte die Astschere in die Tasche und stieg von der Leiter. Merle und den anderen hatte er versprochen, sich ein bisschen feiern zu lassen. Jetzt wollte er nur noch rasch aufräumen und dann in den Betrieb fahren, wie er es schon seit Jahren beinahe täglich tat. Merle hatte ihm ein tolles Mittagessen in Aussicht gestellt.

Während Günther zu Hause aufräumte, liefen in der ehemaligen Schweinemastanlage die Vorbereitungen für die Feier auf Hochtouren. Merle bereitete aus Sojaschnitzelchen ein vegetarisches Gulasch zu. Neben ihr stand Sven und schnippelte Gemüse. Aus lauter Liebe zu ihr war er ebenfalls zum Vegetarier geworden, meistens jedenfalls. Fleisch aß er nur noch heimlich. Der alte Kröger war damit beschäftigt, eine prächtige Torte für den Nachmittag zu verzieren. »Wo steckt er eigentlich?«

»Ich bin hier, mein Bruder, jetzt und immerdar.«

Kröger lachte Jesus an. »Dich meine ich nicht. Wo ist Günther?«

»Am Vormittag hat er noch auf der Plantage zu tun. Nach der Arbeit wollte er vorbeikommen«

»Eigentlich schade, dass er keine richtige Party möchte. Einen runden Geburtstag feiert man ja nicht alle Tage.« meinte Kröger. Dann fuhr er hochkonzentriert mit der Zungenspitze über die Oberlippe und versuchte, mit grünem Zuckerguss eine schöne 50 zu schreiben.

Die Tür öffnete sich und ein Typ in einem karierten Baumwollhemd betrat die Küche. »Moin Leute, wo ist denn das Geburtstagskind?«

»Hallo Kim, wie geht's?«

Der asiatisch aussehende Mann mit dem kleinen Bäuchlein kam gelegentlich zu Besuch. Manchmal machte er mit Günther etwas Musik, manchmal trank er auch einfach nur eine Tasse Kaffee. Er wohnte nicht im Betrieb wie Merle und die anderen. Und gehörte auch nicht richtig zur Familie, so wie Günther, Luzifer oder die Queen. Aber Kim war ein gern gesehener Gast. Das »alberne Elvis-Gehabe« hatte er schon vor Jahren abgelegt und erklärt: »Ich möchte doch nicht der King sein. Lieber bin ich einfach ich selbst.« Den weißen Glitzeranzug hatte er in die Altkleidersammlung gegeben. Stattdessen trug er nun meistens verschlissene Jeans und karierte Baumwollhemden. Sogar von seiner wunderbaren Elvis-Tolle hatte er sich getrennt. Und obwohl mittlerweile die letzte zufällige Ähnlichkeit mit dem amtierenden nordkoreanischen Diktator dahingeschmolzen war, ist ihm dennoch der Spitzname geblieben.

»Also, wo hat der Kerl sich versteckt?«

Merle erklärte ihm, dass Günther später kommen würde, und bot dem Gast eine Tasse Kaffee an. Als der alte Pritschenwagen endlich auf den Hof rollte, stürmte die Geburtstagsgesellschaft nach draußen. Bloß

Jesus wandelte in aller Ruhe und Gelassenheit hinterher. Noch auf dem Hof stehend, musste Günther sich »Happy Birthday« anhören.

»Ihr seid ja albern und kindisch.« Aber irgendwie freute er sich doch über das Geburtstagsständchen.

Nach dem Mittagessen gingen alle in den Stall. Kim und Günther machten Musik. Und auch der alte Kröger holte sein Akkordeon und spielte ein paar Seemannslieder. Die beiden Schweine und Luzifer lauschten fasziniert. Außerdem waren da noch zwei Schafe, vier Hühner, zwei Enten und ein lahmer Esel. Sie genossen die Musik ebenso wie die Menschen. »Coco fehlt«, fiel Merle ein. »Coco liebt doch auch Geselligkeit und eine nette Party.« Sie lief zur Freiflughalle und holte den blauen Papagei. Und tatsächlich, als Günther und Kim »Sympathy for the devil« von den Rolling Stones spielten, lieferte Coco rhythmischen Sprechgesang – in einer Sprache, die niemand verstand. Kim übernahm den eigentlichen Text, den er allerdings stark improvisierte, da er ihm größtenteils entfallen war. Jesus schmetterte sein »Halleluja« dazwischen. Merle und Sven sangen »u - uuh« zum Refrain, wobei der alte Kröger, der das Akkordeon längst zur Seite gelegt hatte, fröhlich mit einstimmte. Anschließend spielten sie noch zwei weitere Rockklassiker und dann, auf Krögers Wunsch, »Junge, komm bald wieder« von Freddy Quinn. Für dieses Lied nahm er auch wieder sein Akkordeon zur Hand. Kim klopfte ihm anschließend anerkennend auf die Schulter. »Mensch, Alterchen, ich wusste gar nicht, dass du auch Mucke machst. Das rockt ja voll!«

»So liebe Freunde«, rief Merle, »es ist an der Zeit, endlich die Torte aufzufuttern, die Kröger gezaubert hat. Ich kann nicht länger warten.«

Die Menschen setzten sich an die Kaffeetafel, die heute im Gang vor den Schweineboxen gedeckt war.

»Na los Günni, schneid das Teil an, das ist dein Job.«

»Mensch, Kröger, da hast du dich mal wieder selbst übertroffen. Die sieht großartig aus.«

»Halleluja!«

Nach der Kaffeetafel bot Günther seinen Freunden den Whiskey an, den er mitgebracht hatte. Aber außer Kröger und Elvis wollte niemand etwas davon. Den restlichen Nachmittag über spielten Günther und Kim abwechselnd Gitarre. Und wenn beide pausierten, hielt Jesus die eine oder andere Predigt, was wiederum Sven veranlasste, die Musiker um etliche Zugaben zu bitten. Am Abend baute Günther den Grill vor der Stalltür auf. Merle hatte Zucchini der Länge nach aufgeschnitten und mariniert. Dazu wurden Tofuwürstchen und Grünkernbuletten gegrillt.

»Gibt es keine richtige Wurst? Und Fleisch?«, fragte Kim enttäuscht.

Günther grinste und zuckte mit den Schultern. Das sollte heißen: »Du kennst doch Merle.«

Sven murmelte: »Du kannst hier doch kein Steak erwarten.« Als er merkte, dass Merle ihn ansah, ergänzte er eifrig: »Und das wäre ja auch noch schöner. Hier, dieser Hof, ist doch ein Zufluchtsort für Tiere, hier sollen die Wesen ein sicheres Zuhause haben, einfach ein unbeschwertes Leben leben, da kannst du doch nicht daherkommen und ihre Leichen auf den Grill legen wollen. Oder möchtest du wirklich, dass friedliche Tierchen unsagbares Leid erfahren, nur damit …«

»Lass gut sein, Sven«, bat ihn Merle seufzend, »lass gut sein.«

»Ich mein ja nur …«

Nachdem die anderen schon längst schlafen gegangen waren, ließen Günther und Kim den Abend ruhig ausklingen. Der Asiate zupfte ein wenig an der Gitarre herum, Elvis schnarchte und die Queen lag ganz still da. »Wer hätte das 1994 gedacht? Ich sitze hier mit einem ehemaligen Elvis-Imitator im Schweinestall und feiere meinen fünfzigsten Geburtstag. Den ganzen Tag hatte ich wirklich gute Freunde um mich, die zwar alle ein bisschen verrückt, aber auf jeden Fall ausgesprochen liebenswert sind. Wer hätte, als es Kurt Cobain noch gab, jemals geglaubt, dass ich eines Tages so leben würde, wie ich es heute tue?«

Günther war glücklich. Es hätte nun zum *Happy End* kommen können, wenn nicht, ja wenn nicht in diesem Moment die Queen gestorben wäre. Davon merkte allerdings zunächst niemand etwas.

Nachdem Kim in ein Taxi gestiegen war und nachhause fuhr, ging Günther ebenfalls schlafen.

Am nächsten Morgen wachte er im Gästezimmer auf, als Sven rief: »Die alte Sau ist tot!«

Sie versammelten sich mit betretenen Gesichtern an der Schweinebox. Kröger stupste die Queen Elizabeth mit der Stiefelspitze an und meinte: »Jau, die is hin.« Merle schluchzte auf. Sven legte ihr tröstend die Hand auf ihre Schulter, doch sie streifte sie ab. »Sie war auch alt. Uralt! Sie diente schon meinem Vater als Wurfsau.«

»Wie alt kann so ein Schwein eigentlich werden?«, fragte Günther.

»Wenn es nicht vorher geschlachtet wird, bestimmt fuffzehn Jahre. Bei guter Pflege«, stellte der Kröger fest.

Da betrat Jesus den Stall, blickte in die Runde und sprach: »Seht, die Queen ist eingeschlafen. Wahrlich, ich will sie erwecken.«

»Schnauze, Jesus!«

Doch der ließ sich nicht einschüchtern. Er kniete sich neben dem toten Schwein nieder, legte ihm die Hand auf und rief mit fester Stimme: »Elizabeth! Steh auf!« Da sie sich nicht rührte, rief er erneut, diesmal etwas lauter: »Wahrlich, ich sage dir: Erhebe dich von den Toten!«

Alle anderen im Stall schwiegen verlegen. Da rief Jesus: »Es ist ein Wunder geschehen! Halleluja!« Fröhlich singend tanzte er aus dem Stall heraus.

»Tja«, meinte der alte Kröger, und stupste die Sau erneut mit der Stiefelspitze an. »Das hat wohl nicht so ganz geklappt. Ich ruf mal den Abdecker an.«

»Nein, wir werden sie richtig bestatten.«

»Aber, Merle, das verstößt gegen sämtliche Vorschriften.«

»Na und? Die Queen gehörte zur Familie. Die überlasse ich nicht dem Entsorger. Sie bekommt ein richtiges Grab. Basta!«

Am gleichen Nachmittag hob Sven eine Grube hinter dem Stall aus. Bald schleppten sie gemeinsam das fette, tote Schwein dorthin und ließen es in die Erde hinab. Merle hielt eine kurze Ansprache, und als Günther ein trauriges Lied spielte, rollten ihr zwei Tränen über die Wangen.

Niemand ahnte zu diesem Zeitpunkt, dass der Tod der Queen für alle Beteiligten noch weitreichende Folgen haben sollte.

Ein trauriges Schwein

Elvis wachte mit Kopfweh auf und war fürchterlich durstig. Die Zunge klebte ihr am Gaumen und fühlte sich pelzig an. Mühsam erhob sie sich und schwankte auf wackeligen Beinen zur Tränke. Nachdem sie Wasser gesoffen hatte, verschwand langsam das Gefühl, jemand habe ihr mit einem Bolzenschussgerät den Schädel zerschmettert. Puh, es war eine lange Nacht gewesen. Der freundliche Gitarrenmann hatte stundenlang bei ihr gesessen und eine Menge Drinks spendiert. Er brachte ihr nun öfter das wunderbare Gesöff mit. Beinahe jeden Abend. Und das passte ganz gut, denn seitdem die Queen verschwunden war, fühlte Elvis sich nicht gut. Irgendwie unvollständig. Ein bisschen half es, mit dem Menschenwesen zusammenzusitzen, Musik zu hören und dabei einen edlen Tropfen zu schlürfen. Oder auch zwei, drei.

Jeden Morgen drehte das Schwein nach dem Aufstehen seine Runde durch den Betrieb. Denn jeden Morgen fiel dem Tier erneut auf, dass Elizabeth nicht auf ihrem Platz lag. Die Sau schnupperte in allen Ecken und konnte zunächst noch den Geruch der Freundin aufstöbern. Doch der wurde mit jedem Tag etwas dünner und schwächer und verschwand schließlich ganz. Elvis konnte sich erinnern, wie die Queen am Morgen nach der großen Feier auf dem Stroh gelegen und sich nicht mehr gerührt hatte. Da roch sie schon irgendwie anders als sonst. Ein feiner, fremder Duft ging von ihr aus. Auch nachdem Elvis versucht hatte, sie zu wecken, rührte die alte Sau sich nicht. Im nächsten Moment kamen die Menschenwesen in den Stall. Sie plapperten und lärmten und schließlich trugen sie die Freundin fort. Elvis war allein.

Merle, Kröger und Sven saßen in der Küche und planten den Tag. Jesus schlief noch. Er hatte am Abend zuvor begonnen, eine neue heilige

Schrift zu verfassen. Erst als es draußen schon wieder hell wurde, war er über diese mühsame Arbeit eingeschlafen. Als Merle ihn fand, lag er mit dem Kopf auf dem Küchentisch und schnarchte leise. Sie hatte ihn geweckt und zu Bett geschickt. Anschließend sammelte sie die herumliegenden Zettel ein und bat Kröger, Kaffee zu kochen.

»Gegen zehn Uhr kommt eine Grundschulklasse. Kröger, du könntest bitte ein paar von den Kindern auf dem Esel herumführen. Mit den anderen gehe ich so lange zu den Kaninchen und Meerschweinchen. Ich schicke sie dir dann in Dreier-Gruppen rüber.«

Merle bot den Betrieb gern als Ausflugsziel für Kindergärten oder Grundschulen an. Es war zwar immer etwas anstrengend, brachte aber ein wenig Geld in die Kasse. Und der Betrieb, die moderne Arche Noah, war auf jede Einnahmequelle angewiesen.

»Und du, Sven, könntest bitte das Dach vom Ziegenstall ausbessern? Da regnet es rein.«

»Die verrückte Sau humpelt wieder da draußen rum.« Sven sah durch das Küchenfenster in den Hof.

Merle folgte seinem Blick und seufzte. »Ja, die arme Elvis, sie kommt nicht über den Verlust hinweg.«

»Ein Schwein braucht soziale Kontakte«, stellte der alte Kröger fest und knallte drei volle Kaffeebecher auf den Tisch. »So geht uns das Viech vor die Hunde. Ein Schwein braucht andere Schweine, so einfach ist das.«

Sven, für den Leid noch immer ein großes Geheimnis darstellte, murmelte nachdenklich: »Wenn die Sau morgens durch den Betrieb hinkt, sieht sie fast so aus, als habe sie Schmerzen, nicht wahr?«

»Ich denke, die hat sie auch. Schmerzen im Herzen.«

»Und im Kopp!« Kröger lachte. »Günther füllt sie jeden Abend ab.«

»Ja, ich glaube, ich muss mal mit ihm reden.«

Gegen 13 Uhr hielt Günther Meierlein den Pritschenwagen vor dem Spirituosengeschäft. Seit einiger Zeit arbeitete er nur noch vormittags auf der Apfelplantage. Die Nachmittage verbrachte er meistens bei seinen Freunden im Betrieb. Das konnte er sich leisten. Seit er auf die Bioproduktion umgestiegen war, konnte er sogar Merle regelmäßig ein paar Scheine zustecken. Und den Whiskey für Elvis bezahlen. Natürlich war ihm klar, dass ein solcher Lebenswandel für ein Schwein auf Dauer nicht gesund sein konnte. Doch was sollte er tun? Der tierischen Freundin ging es offensichtlich schlecht. Sie trauerte um ihre treue Gefährtin, um die Queen Elizabeth. Da tat es ihr gut, abends einen feinen Drink zu schlürfen. Das hatte zwar nichts mit artgerechter Tierhaltung, dafür aber mit Trauerbewältigung und Trost zu tun. »Wenn Elvis sich ein bisschen berappelt hat, bekommt sie weniger zu trinken.« Günther studierte die Preise und die Etiketten der aufgereihten Whiskeyflaschen. Vielleicht sollte er mal versuchen, einen preiswerteren Tropfen anzubieten. Er nahm eine günstigere Sorte aus dem Regal und prüfte die Aufschrift. Nachdenklich schüttelte er den Kopf und stellte sie zurück. Er hatte dem Schwein schon einmal einen Bourbon angeboten. Da hatte die Sau die Nase gerümpft und das Zeug nicht angerührt. Und wozu gab es schließlich Freunde? Bestimmt nicht, um minderwertigen Fusel mitzubringen. Entschlossen packte Günther eine Flasche von der Lieblingsmarke des Schweines ein und fuhr zum Betrieb. Bevor er zum Stall gehen konnte, fing Merle ihn ab.

»Hast du einen Moment Zeit für mich?«

»Klar, ich geh kurz zu Elvis, dann komme ich zu dir.«

»Ich würde dich lieber sofort sprechen.«

»Na gut, wenn es denn so wichtig ist.«

Günther folgte Merle in die Küche. In der einen Hand den Gitarrenkoffer, in der anderen eine Flasche mit irischem Single-Malt-Whiskey.

»Ich mache mir Sorgen um das Schweinchen.«

Günther lachte.

»Was ist daran lustig?«, knurrte Merle.

»Naja, Elvis wiegt mindestens 100 Kilo. Und du nennst sie trotzdem ›Schweinchen‹.«

»Na und? Darum geht es doch gar nicht.«

Günther stellte den Gitarrenkoffer und den Whiskey ab und setzte sich. »Ist schon klar. Worum geht es denn dann? Ist noch Kaffee da?«

Sie schob ihm eine Thermoskanne rüber. »Um Elvis.«

»Was ist mit ihr?«

»Vielleicht sollte die Frage eher heißen: Was ist mit dir?«

»Mit mir? Wieso?«

»Ich finde es nicht gut, dass du sie jeden Abend betrunken machst. Das schadet dem Tier.«

»Merle, was willst du? Sie trauert. Da tut ihr etwas Entspannung doch ganz gut. Der Whiskey, die Musik. Das hilft ihr, über den Tod der Queen hinwegzukommen.«

»Alkohol ist keine Lösung.«

»Nee, natürlich nicht, aber …«

»Nein, nicht ›aber‹. Das Tier leidet! Du hilfst Elvis kein bisschen, wenn du ihre Gesundheit ruinierst! Im Gegenteil!«

»Ich ruiniere doch nicht ihre Gesundheit, wenn ich für Trost und Entspannung sorge.«

»Du willst aber jetzt nicht behaupten, es sei die optimale schweinische Lebensweise, sich jeden Abend volllaufen zu lassen.«

»Ich will Elvis bloß zur Seite stehen. Wie man es macht, unter Freunden.«

Merle wollte gerade etwas darauf erwidern, da stürmte der alte Kröger in die Küche und rief aufgeregt: »Die Sau ist weg!«

»Wie weg?«

»Na eben verschwunden! Einfach nicht mehr da!«

Günther wurde bleich. Merle ebenfalls.

Im nächsten Moment stürmte Sven in die Küche und rief beinahe ebenso aufgeregt: »Jesus ist weg!«

Merle klappte den Mund auf und wieder zu, schluckte und stellte fest: »Dann müssen wir sie eben suchen. Alle beide!« Sie stand auf und eilte zur Tür. »Wo habt ihr denn nachgesehen?«

»Überall!«, riefen Sven und Kröger einstimmig.

Kröger ergänzte: »Ich habe das ganze Gelände abgesucht. Wirklich in jede verflixte Ecke geguckt. Elvis ist einfach fort.«

»Dann müssen wir eben nochmal nachsehen.«

Und das taten sie auch. Sie durchkämmten die Ställe, den Geräteschuppen, das Futter- und schließlich das Wohnhaus. Sven überprüfte sorgfältig den Zaun, suchte nach einer Lücke, durch die das Schwein entwichen sein konnte. Kröger und Merle durchforsteten das kleine Wäldchen, das an das Gelände grenzte. Es war vergebens. Weder von Elvis noch von Jesus ließ sich die geringste Spur finden.

Am Abend saßen alle gemeinsam in der Küche und machten sich Sorgen. Alle außer Jesus und Elvis natürlich. Merle drehte nervös einen Becher mit Tee auf dem Tisch herum. Günther ließ auf der glatten Tischplatte die Whiskeyflasche, die er für Elvis mitgebracht hatte, von der rechten zur linken Hand rutschen und zurück. Unermüdlich hin und her. Sven strich mit dem Zeigefinger durch eine Kerzenflamme, immer und immer wieder. Er merkte gar nicht, wie die Haut an der Fingerspitze langsam verkohlte. Kröger stieß ihn schließlich an und meinte: »Mensch Kerl, lass den Schiet. Das stinkt.«

Sven ließ die Flamme und seinen Zeigefinger in Ruhe und sah besorgt zu Merle.

»Zum Donnerwetter!«, rief Kröger in die trübselige Stimmung. »Ihr könnt hier meinetwegen die ganze Nacht rumsitzen und lange Gesichter machen. Elvis und Jesus sind weg. Auf dem Hof sind sie nicht zu finden. Morgen, sobald es hell wird, fahrt ihr mit den Autos los und sucht die Umgebung ab. Ich bleibe hier und kümmere mich um die anderen Viecher. Ich bin zu alt für so ein Theater.«

Merle blickte auf. »Vielleicht sollten wir auch die Polizei rufen.«

»Ach die Bullen,« warf Sven ein, »wann haben die schon mal geholfen?«

»Schaden kann es nicht. Das mache ich gleich morgen früh«, versprach Kröger.

»Na, das wird ja eine tolle Suchanzeige werden. Ein Scheinheiliger und ein Schwein namens Elvis.«

»Na und, da hat die Polizei auch mal was zu lachen. So, die Herrschaften«, Kröger stand auf, »ich gehe nun ins Bett. Und das solltet ihr auch tun. Wir haben eine kurze Nacht und einen anstrengenden Tag vor uns.«

Gesucht und gefunden

Jesus und Elvis saßen unter einer Birke auf einer Bank und aßen die Äpfel, die ihnen eine freundliche Dame geschenkt hatte. Ein warmes Windchen spielte in den Blättern und die Sonne strahlte freundlich. Hoch oben in der Luft flatterte eine Feldlerche, zirpte und zwitscherte fröhlich vor sich hin. Jesus lächelte ihr freundlich zu. Er war nur mit einem Bettlaken bekleidet. Denn er entdeckte, dass es der Seele guttat, wenn der Leib sich nicht mit bunten Tüchern, mit Polyester, Samt und Seide schmückte. Seitdem bevorzugte er es, sich möglichst schlicht und bescheiden zu umhüllen.

»Siehe dort, liebe Elvis, kannst du unsere Schwester hoch droben am blauen Himmelszelt erblicken?«, fragte er die Sau und kraulte ihr die Borsten. »Sorgen sich die Vögelein in der Luft und die Fischlein in den Seen um das, was morgen ist? Nein, denn sie brauchen sich nicht zu plagen. Sie brauchen nicht zu schaffen und weltliche Güter anzuhäufen. Sie vertrauen darauf, dass alles gut werden wird. Und siehe, ich sage dir, sie tun gut daran, denn es wird sich zum Guten fügen.«

Elvis grunzte wohlig und stupste Jesus mit der Schnauze an, damit er ihr einen weiteren Apfel gab. Der tat es auch gleich. Das Schwein verschlang den Leckerbissen mit einem Happs und hörte dem Heiland weiter beim Predigen zu. Beim Sprechen blickte Jesus zur Straße, die am Rastplatz vorbeiführte. Er sah einen rostigen Ford vorüberziehen und lächelte sanftmütig.

Unglücklicherweise schaute Sven, der in dem Wagen saß, in diesem Moment auf die andere Straßenseite, denn ihm war so, als habe er die Gesuchten am Waldrand gegenüber gesehen. Doch was er im ersten Moment für Jesus und Elvis gehalten hatte, war bloß irgendein Spaziergänger mit einem überaus fetten Köter. Sven verfluchte diesen unverschämten Kerl, der nichts Besseres zu tun hatte, als sich an Waldrändern herumzudrücken und so zu tun, als sei er Jesus persönlich. Wütend gab er Gas. Nach einer kurzen Weile fiel ihm auf, dass er bei der hohen Geschwindigkeit kaum eine Chance hatte, die Vermissten zu finden. Er bremste den Wagen ab und fuhr langsam weiter. Dabei blickte er nun sorgfältig nach rechts und nach links und um jede Ecke.

Günther verfolgte eine andere Methode. Er war langsam in die entgegengesetzte Richtung gefahren. Wenn er jemanden sah, hielt er an, grüßte freundlich und fragte: »Haben Sie ein Schwein gesehen? Oder Jesus?« Leider konnte sich niemand erinnern, den beiden begegnet zu sein. Die Leute musterten ihn nur von oben bis unten und schüttelten die Köpfe. Ein Kerl in einem bunten Anzug auf einem Rennrad murmelte: »Ob ich Jesus gesehen habe? Wo bist du denn ausgebrochen?«

Merle hatte gleich morgens bei der Polizei angerufen und die beiden als vermisst gemeldet. Anschließend war sie ebenfalls losgefahren und hatte sich auf die Suche gemacht. Dabei war sie kein bisschen erfolgreicher als die Männer.

Es fing schon an zu dämmern, als Sven in einem kleinen Dorf wendete und sich wieder auf den Heimweg machte. Schade, er hätte die beiden wirklich gern gefunden und zu Merle gebracht. Nach all den Jahren schlug sein Herz ebenso heftig für sie wie am ersten Tag. Noch immer gab es für ihn kein schöneres Geschenk als ein Lächeln dieser wunderbaren Königin, der Schweinemästerin der Herzen. Wie gern hätte Sven seinem Engel die hinkende Sau und den verrückten Heiland gebracht.

Der alte Ford jaulte leidvoll auf, als er beim Wendemanöver das Getriebe schlecht gelaunt und brutal quälte. »Nun heul nicht rum, du blöde Kiste!« Er schrammte am Kantstein entlang und raste aus dem Dorf. Vielleicht hätte die wunderbare Merle ihn umarmt, wenn er die beiden Irren heimgebrachte hätte, vielleicht – Svens Handflächen wurden feucht – hätte sie ihm sogar einen Schmatzer auf die Wange gedrückt. Er strich mit den Fingerspitzen durch sein Gesicht. Verflixt, er hätte sich am Morgen rasieren sollen. Und da sah er sie. Die beiden kamen ihm wie selbstverständlich entgegen. Jesus und Elvis schlenderten schwatzend am Straßenrand entlang, als sei das nichts Besonderes. Sven hielt den Wagen an, kurbelte das Seitenfenster runter und rief ihnen zu: »Da seid ihr ja, wir haben euch schon überall gesucht. Hopp hopp! In den Wagen!«

Jesus lächelte huldvoll und stieg in das Auto. Elvis nahm auf dem Rücksitz Platz. Sven wunderte sich still, dass die beiden ohne großes Gelaber dazu bereit waren. Immerhin waren sie doch gerade erst durchgebrannt. Aber so war es eben bei irren Heiligen. Und bei Schweinen offensichtlich auch: Man konnte nie sicher sein, wie sie sich verhielten.

»Wo habt ihr euch rumgetrieben?«, fragte Sven und gab grinsend Gas.

»Wohlan, mein Bruder, wir haben uns auf den langen Weg begeben, auf die Reise zu einer besseren Welt, auf die bahamigen Inseln.«

Sven lachte schallend und freute sich heimlich auf den dicken Schmatzer, den er sich von Merle erhoffte. »Ja klar, ihr wolltet auf die komischen Inseln und ein bisschen Urlaub machen. Wieso auch nicht?«

Elvis furzte laut.

»Ey du Sau!«, schimpfte Sven und kurbelte erneut das Seitenfenster runter. Und Jesus sang ein Lied.

Als sie den Betrieb erreichten, dachte Merle gar nicht daran, Sven als Held des Tages zu feiern. Er bekam keinen Kuss auf die Wange, nicht einmal eine Umarmung oder ein kleines Lächeln. Stattdessen küsste und herzte sie die Sau und den Verrückten ununterbrochen. Sie erlaubte sogar, dass Günther dem Schwein etwas von dem Whiskey gab. Obwohl sie doch so dagegen gewesen war. »Ausnahmsweise, zur Feier des Tages.« Und dann wollte sie genau wissen, wo die beiden gewesen waren, wo sie übernachtet und was sie gegessen hatten und warum sie überhaupt weggelaufen waren und wo sie denn eigentlich hingewollt hatten. Jesus erzählte mit schwulstigen Worten, dass eine freundliche Dame die beiden in einer Scheune hatte übernachten lassen und ihnen einen Sack mit Äpfeln geschenkt hatte. Davon hätten die beiden gelebt, bis zum heutigen Tage. Und sie seien auf die Reise gegangen, weil doch das Schwein so traurig gewesen war. Da habe Jesus Elvis eben auf die »bahamigen Inseln« bringen wollen.

»Wo sollen die denn sein?«, fragte Kröger. »Nie gehört.«

»Und vor allem: Was wolltet ihr dort?«, wollte Günther wissen.

Doch Jesus hatte offensichtlich keine Lust mehr, sich zu unterhalten. Er lächelte und sang leise vor sich hin: »Halleluja! Trallalala und Halleluja nochmal!«

»Anscheinend wollte Jesus dem Schwein helfen«, meinte Sven. »Er wollte es wohl auf die … Bahamas bringen. Oder so.«

»Auf die Bahamas! Na klar!«, rief Merle. »Dass ich da nicht früher drauf gekommen bin!«

»Was denn?«

»Als wir noch klein waren, hat mein Vater uns immer erzählt, dass die Schweine, wenn sie hier nicht mehr glücklich sind, in die Karibik geflogen werden. Damit sie dort Urlaub machen können.«

»Und was hat das mit Jesus zu tun?«, fragte Günther.

»Naja, früher hieß Jesus Frank und war der kleine Bruder von Merle. Schon vergessen?«, erinnerte ihn Kröger.

Das war Günther tatsächlich entfallen.

»Irgendwie muss diese alte Geschichte in seinem Kopf wieder an die Oberfläche gelangt sein«, meinte Sven. »Wahrscheinlich sind die Kindheitserinnerungen wieder ins Bewusstsein gerückt, als er Elvis trauern sah.« Dabei linste er zu Merle, in der Hoffnung etwas Bewunderung oder wenigstens etwas Zustimmung in ihrem Blick zu sehen, wenn er so gescheit daherredete. Doch die schaute bloß nachdenklich ihre Fingernägel an. Stattdessen meldete sich Kröger zu Wort: »Hoppla, Sven, wer hätte das gedacht, an dir ist ja ein Psycho-Doktor verloren gegangen.«

»Ach, halt doch die Klappe.«

»Tatsache ist jedenfalls«, stellte Günther klar, »dass Jesus gar nicht so unrecht hat. Elvis sieht schlecht aus. Sie wirkt unglücklich, seit die Queen tot ist.«

»Aber was sollen wir tun?«, fragte Merle. »Wir können Elvis ja nicht wirklich auf die Bahamas bringen.«

Darauf wusste nun niemand etwas zu sagen. Die Wanduhr, die niemals ganz richtig ging, tickerte vor sich hin. Merles Feststellung stand im Raum und niemandem fiel etwas dazu ein, bis Kröger schließlich fragte: »Wieso eigentlich nicht?«

»Was?«, fragte Merle.

»Wieso soll Elvis nicht einfach auf die Bahamas fliegen?« Kröger grinste, doch ihm war es ganz ernst. »Ich habe neulich irgendwo etwas darüber gelesen. Tatsächlich gibt es eine Karibikinsel, auf der Schweine den lieben langen Tag nichts anderes tun, als im Wasser zu planschen und am Strand zu faulenzen.«

»Hast du der Sau den Whiskey weggetrunken, oder was?«

»Es ist wahr. Auf Major Cay, einer kleinen Insel, die zu den Bahamas gehört, leben verwilderte Hausschweine unter paradiesischen Bedingungen. Sie haben keine natürlichen Feinde und immer gutes Wetter. Sie sind eine richtige Attraktion für reiche Touristen. Die kommen mit ihren Jachten angefahren und füttern sie mit allen möglichen Leckereien. Diese Schweine haben keine Probleme und nichts anderes zu tun als glücklich zu sein.«

Merle schüttelte den Kopf wie in Zeitlupe. »Du meinst, wir sollten Elvis einfach da hinbringen, weil sie hier einsam und traurig ist. Wäre das nicht etwas übertrieben?«

»Na ja, min Deern, ansonsten müssten wir uns wohl eine neue Schweinerotte zulegen, wenn wir wollen, dass es der Sau gut geht.«

»Ich bin dafür«, rief Sven, der nun die Chance sah, zu beweisen, dass er durchaus ein mitfühlendes Herz hatte. »Stellvertretend für alle armen Schweine, die in der grausamen Massentierhaltung leiden, soll wenigstens Elvis ein schöner Lebensabend beschert werden.«

Jesus strahlte. »Wahrlich, wir werden ein Zeichen setzen – ein Zeichen wahrhaftiger und lebendiger Nächstenliebe.«

»Ich bin sowieso dafür. Elvis braucht endlich ein bisschen Glück im Leben«, meinte Günther.

»Halleluja! Wir machen Urlaub!« Jesus fing wieder an zu singen. »Urlauburlaub, trallalala!«

Schweine fliegen nicht

Es war also beschlossene Sache: Elvis sollte auf die Bahamas gebracht werden, auf die Insel der glücklichen Schweine, und da die Sau nicht alleine in den Flieger steigen konnte, sollte Günther sie hinbringen. Merle wollte die beiden begleiten, damit Elvis nicht allzu viel soff. Außerdem glaubte sie, dass ein solcher Tiertransport sich zu zweit leichter bewältigen ließ. Es stellte sich jedoch heraus, dass es nicht möglich war, einen Flug direkt auf die Insel der glücklichen Schweine zu buchen. Big Major Cay, auch Pig-Island genannt, war unbewohnt. Jedenfalls lebten dort keine Menschen. Bloß verwilderte Hausschweine und ein paar Möwen. Die Nachbarinsel hingegen war touristisch voll erschlossen. Von dort konnten verwöhnte, reiche Urlauber Bootsfahrten direkt in das Schweineparadies buchen und die schwimmenden Borstentiere mit Obst und Gemüse füttern. Die halbwilden und doch handzahmen Tiere schwammen den reichen Touristen entgegen, balgten sich fröhlich um die fettesten Leckerbissen und planschten munter mit den Gästen in den warmen Wellen. Anschließend ruhten sie sich wohlig grunzend an schneeweißen Stränden aus. Was für ein Schweineleben!

»Wahrscheinlich wird es niemandem auffallen, wenn Elvis vom Boot einfach ins Wasser springt und sich zu seinen neuen Freunden gesellt.« Günther runzelte die Stirn, schaute zur Schweinedame und fragte besorgt: »Kannst du eigentlich schwimmen?«

»Das ist das kleinste Problem«, stellte Merle fest, »viel schwerwiegender ist, dass Elvis nicht fliegen kann.«

»Wieso?«

»Ich habe stundenlang im Internet gesucht, aber es gibt einfach keine Fluglinie, die Passagiere *und* Schweine in die Karibik bringt. Wir könnten Elvis als Lebend-Frachtgut aufgeben, aber das sollten wir ihr wirklich nicht antun. Die lange Flugreise in einer engen Box, sowas ist sie doch nicht gewohnt. Ganz zu schweigen von der Quarantäne vor der Reise. Es wäre eine Qual für sie. Außerdem würde es ein Schweinegeld kosten. Wir müssten ungefähr 97.000 Formulare ausfüllen und ebenso viele veterinäre Bescheinigungen vorlegen.«

»Irgendwie kriegen wir das schon hin«, sprach Günther ihr Mut zu und schlug vor: »Lass uns doch alle zusammentrommeln und gemeinsam darüber nachdenken. Es war ja auch unsere gemeinsame Idee, oder?«

Eine halbe Stunde später saßen sie alle wieder einmal in der Küche. Diesmal war auch Elvis dabei. Immerhin ging es ja um ihr Schicksal.

Jesus war über das Treffen hocherfreut. »Meine lieben Brüder und Schwestern, wie wohl tut mir diese Ehre.« Er glaubte offensichtlich, die Belegschaft habe sich versammelt, um seine Heimkehr zu feiern. »Ich freue mich auch, dass wir alle wieder beieinander sind. Wahrlich, ich bin der verlorene Sohn in aller Herrlichkeit.«

»Amen!«, rief Sven ironisch.

»Halleluja!«

»Können wir mal zum Punkt kommen?«, fragte Kröger. »Also Merle, spuck aus, min Deern, was is los?«

»Ganz einfach, es ist, wie es ist. Wie kriegen keinen Flieger für Elvis.«

»Kinder des Lichtes! Ich danke euch für eure Liebe!«, rief Jesus unbeeindruckt dazwischen. »Ich werde euch einen edlen Wein kredenzen!«

Er nahm die Mineralwasserflasche, die auf dem Tisch stand, hob sie feierlich in die Höhe und rief: »Halleluja! Es ist vollbracht.«

Lächelnd füllte er jedem ein Glas und für Elvis goss er etwas in eine Salatschüssel. Nun hob er sein eigenes Glas feierlich in die Höhe und rief begeistert: »Wohlan liebe Erdenkinder, lasst uns auf meine selige Heimkehr anstoßen, auf die meinige und auf die der Sau.« Jesus nippte am Wasser und grinste glücklich. »Wahrhaftig, es ist ein Wunder geschehen. Aus Wasser wurde Wein.«

Der alte Kröger kicherte albern. »Wahrlich, ein edler Tropfen.«

Günther wollte das Gespräch wieder in ernstere Bahnen lenken. »Jedenfalls ist es nicht so einfach, Elvis ins Paradies zu bringen!«

»Dann lass uns doch einen Flieger kapern«, schlug Sven vor.

»Hi hi hi, ein wunderbares Bouquet«, kicherte Kröger. »Herrlich blumig im Abgang.« Er schwenkte sein Glas und roch daran. Elvis furzte und Kröger fuhr fort: »Fruchtig, etwas erdig mit einer leichten Note Landluft.«

Merle unterbrach sein Gelächter: »Könnten wir jetzt mal bitte beim Thema bleiben? Wollen wir Elvis auf die Bahamas bringen oder nicht? Oder war das auch nur so ein alberner Spaß?«

Kröger wischte sich eine Träne aus dem Auge. »Nee, min Deern«, gluckste er, »das war schon ernst gemeint. Is halt nur nicht so einfach.«

Jesus saß auf dem Boden neben Elvis und kraulte dem Schwein liebevoll die Borsten. Günther und Sven waren auch keine große Hilfe. Sie saßen nur rum und schwiegen. Und Kröger grinste dämlich in sein Wasserglas. Sollte Merle denn all die Probleme alleine lösen? Wollten die anderen bloß abwarten, bis sie ihnen eine einfache und elegante Lösung für all die Schwierigkeiten anbot? Nach einer Weile meinte Merle resigniert: »War wohl bloß eine Schnapsidee. Lasst uns die Sache einfach vergessen.«

»Auf gar keinen Fall!«, rief Günther. »Das können wir Elvis nicht antun.«

»Auf gar keinen Fall!«, rief Sven, der die Gelegenheit wahrnahm, Merle und alle anderen an sein mitfühlendes Herz zu erinnern. »Das arme Schwein hat verdient, glücklich zu werden!«

»Ich finde auch, wir sollten dabei bleiben«, stellte Kröger klar, ganz ohne zu kichern.

»Findest du? Dann verrate mir doch mal eben, wie wir Elvis in die Karibik bekommen.«

Eine kurze Weile war es still in der kleinen Küche. Es war nur das gleichgültige Schnarchen der Sau zu hören.

»Nehmen wir doch ein Schiff«, sprach Jesus und erhob sich.

»Ein Schiff? Blödsinn, wo sollen wir das denn herkriegen!«, blaffte Merle ihn an.

»Psst! Elvis schläft«, ermahnte Jesus sie flüsternd.

»Das ist gar keine üble Idee, der Seeweg ist nicht der schlechteste.«

»Spinnst du, Kröger?«, zischte Merle, bemüht, das Schwein nicht zu wecken.

»Wieso eigentlich nicht?«, meldete sich Günther zu Wort. »Immerhin wollen wir auf eine Insel.«

»Ich kann uns ein Schiff besorgen, kein Problem«, bot Sven an.

»Woher?«

»Tja.« Sven schaute seine Fingerspritzen an, hob dann seinen Blick und sah von rechts nach links durch die Runde, zum schnarchenden Schwein und zum Fenster hinaus. »Tja, ich kann eben eins besorgen.«

»Na gut.« Merle legte ihre Stirn in Falten. »Dann mach mal.«

Bevor es am nächsten Morgen hell wurde, bevor Elvis über den Hof humpelte, um die verlorene Freundin zu suchen, bevor überhaupt jemand der anderen aufwachte, schlich sich Sven in das Zimmer von Jesus und stupste ihn vorsichtig mit den drei verbliebenen Fingern seiner rechten Hand an.

»Ey du Spinner, mach die Augen auf.«

Jesus brummelte kurz und drehte sich weg, doch Sven ließ nicht locker.

»Was willst du? Ich schlafe noch.«

»Halt die Klappe und steh auf. Aber leise.«

Endlich rappelte Jesus sich hoch, sah Sven müde an und fragte: »Ehrwürdiger Bruder, was ist dein Begehr? Warum störst du meinen heiligen Schlaf?«

»Hör auf zu plappern und komm mit. Ich habe einen Plan, ein bombensicheres Ding. Da kann nichts schief gehen.«

Sven hoffte, dass die alten Handlangerinstinkte in Jesus wieder aufflackern würden. Er wollte den guten alten Frank in Jesus erwecken, einen nützlichen Deppen, der einfach bloß das tat, was er ihm sagte. Sven brauchte ihn für einen großartigen Plan, um an ein Boot zu kommen. Und das brauchte er, um endlich das Herz der wunderbaren Merle zu erobern.

Nachdem sie sich in das Auto geschlichen hatten und losgefahren waren, schwärmte Sven begeistert: »Alter, ich sag dir: Das wird *das* Ding!«

Jesus lehnte seinen Kopf an die Seitenscheibe und sah sich den Sternenhimmel an.

»Alter, wir zwei sind doch ein Spitzenteam. Weißt du noch? Früher haben wir ein Ding nach dem anderen gedreht.«

»Mein lieber Bruder, wohin fahren wir eigentlich in dieser finsteren Nacht?«

»Zum Hafen. Wir holen uns ein Boot.«

»Wohlan, so soll es sein.«

»Ganz genau!« Sven lachte schallend.

Die Königin der Meere

»Jesus ist weg!«

»Oh nein, Kröger, nicht schon wieder«, stöhnte Merle.

»Ich habe überall nachgesehen, er ist einfach verschwunden.«

»Und Elvis?«

»Die ist noch da.«

»Gott sei Dank!«

»Aber Sven ist weg. Mit dem alten Ford. Vielleicht hat er die Sau mitgenommen.«

Merle griff nach ihrem Mobiltelefon. »Ich ruf ihn an.«

Nach einer kurzen Weile wurde das Gespräch angenommen.

»Hallo Sven. Ist Jesus bei dir?«

»…«

»Puh, da bin ich aber froh. Wir haben uns Sorgen gemacht. Wo steckt ihr?«

»…«

»Ja ja, dann holt mal unser Boot. Aber du hättest vorher ruhig mal was sagen können.«

Etliche Kilometer entfernt saßen Sven und Jesus im Auto am Kai eines kleinen Fischerhafens.

»Das war deine Schwester«, meinte Sven. »Sie hat dich vermisst.«

Jesus nickte.

Sven starrte durch die Windschutzscheibe nach draußen. Er hatte einen so schönen Plan gehabt. Jesus sollte eine dieser nervigen Predigten halten. Am besten eine mit Klabautermännern und Meeresgeistern und so. Es war ja allgemein bekannt, dass Seeleute abergläubisch und allem Übersinnlichem gegenüber aufgeschlossen waren. Sie hätten dem Spinner fasziniert zugehört. Und wenn er das Gerede mit dem heiligen Gehabe untermauert hätte, wären die Seeleute vollkommen hin und weg gewesen. Diese Gelegenheit hatte Sven ergreifen wollen. Das schönste und das tollste Schiff hätte er sich ausgesucht und wäre damit weggetuckert. Bevor einer der dusseligen Seemänner etwas bemerkt hätte, wäre er schon lange auf hoher See. Das Boot würde er irgendwo an der Küste parken und Jesus bei Gelegenheit wieder abholen. Doch nun war weit und breit kein Mensch zu sehen, den Jesus hätte ablenken können. Ein paar Fischkutter dümpelten einsam und verlassen herum, doch niemand achtete auf sie. »Da hätte ich dich ebenso gut zu Hause lassen können«, murmelte Sven verärgert, stieg aus dem Auto und spazierte am Kai entlang. Er wollte sich in aller Ruhe das schönste und beste Schiff aussuchen. Es konnte ja nicht so schwierig sein, die Taue zu kappen und in See zu stechen. Vermutlich wurde ein Schiff auch nicht anders gesteuert als der alte Ford. »Ich werde die Gelegenheit nutzen und ein wenig über die Fluten wandeln«, sprach Jesus und ging mit festen Schritten auf das Hafenbecken zu.

»Einen Teufel wirst du!«, blaffte Sven ihn an.

»Nur ein paar Schritte.«

»Aber, Jesus, ich brauche deine Hilfe«, bettelte Sven nun scheinheilig.

»Na, wenn das so ist, will ich dir gern zur Seite stehen. Soll ich deine verkrüppelte Hand heilen? Oder deinen hinkenden Gang? Oder womöglich deine schwindende Haarpracht …?«

»Schnauze!«, bellte Sven. Beherrscht setzte er hinzu: »Mein lieber Freund, hilf mir, das Tau zu lösen.« Er klappte die Säge an seinem Schweizer Taschenmesser aus und drückte sie ihm in die Hand. Es schien ihm höchst unwahrscheinlich, dass der Spinner das dicke Tau mit dem Messerchen durchtrennen konnte. »Hauptsache, der Blödmann ist beschäftigt und stellt keine Dummheiten an.«

Fleißig sägte Jesus an dem Tau herum, während Sven sich umsah und nach dem besten Boot suchte. Es waren ziemlich heruntergekommene, rostige Eimer, doch vermutlich gingen die meisten noch mehr oder weniger regelmäßig auf Fischfang. Also, so nahm er jedenfalls an, mussten sie technisch einigermaßen in Schuss sein. Ein Kutter mit einer ehemals grünen Reling gefiel ihm am wenigsten schlecht. »Das ist unser Schiff, Merle«, murmelte er. Er ging zurück, um Jesus zu holen. Den wollte er nun nicht mehr alleine im Hafen zurücklassen. Wenn der Irre ins Wasser ging, würden Feuerwehr, Polizei und alles Mögliche auflaufen, bloß um seine Leiche aus dem Hafenbecken zu ziehen – nein danke, so einen Wirbel konnte Sven nun wirklich nicht gebrauchen.

Jesus sägte wie besessen an dem dicken Tau herum. Er war noch keinen Zentimeter weitergekommen. Sven legte ihm die Hand auf die Schulter.

»Lass gut sein, Bruder, wir nehmen ein anderes.«

»Das glaube ich kaum, ihr Ganoven!«

Sven drehte sich zu der Stimme um und sah einem bulligen Typen ins Gesicht. In der Hand wog er eine schwere Eisenstange und schien bereit zu sein, den beiden ein paar Rippen und womöglich die Schädel einzuschlagen. Nun, das mit den Rippen hätte Sven nicht weiter gestört. Die würden beizeiten wieder zusammenwachsen, doch um seinen Schädel wäre es schade, den brauchte er vorerst noch.

»Ihr zwei Vögel wollt mich wohl beklauen. Sowas kann böse enden.«

»Oh, sorge dich nicht um uns, mein lieber Bruder, wir sind gekommen, um mit dem Schiff die Fluten zu bezwingen. Ein langer Weg liegt vor uns, doch ich frage dich, die Fischlein in den Meeren, sorgen sie sich um das, was morgen ist?«

Der bullige Typ starrte Jesus mit offenem Mund an. Sven hielt es für das Beste, sich rauszuhalten und ihn einfach reden zu lassen.

»Nein, mein lieber Freund, sie sorgen sich nicht«, fuhr Jesus fort, »so wollen auch wir frohen Mutes sein und hinausfahren. Durch die wilden Fluten werden wir Elvis in eine bessere Welt bringen, auf dass es der Sau wohl ergehe.«

Der Typ schloss seinen Mund, sah etwas hilflos zu Sven. Der nickte zustimmend und lächelte, während Jesus unbeirrt weiterplapperte. Als dieser schließlich erklärte, dass Geben seliger denn Nehmen sei, fing der Typ ebenfalls an zu lächeln. Sven sah es sofort und dachte: Super, Jesus, du hast sein Herz geknackt!

Tatsächlich ließ der Kerl die Stange sinken und Jesus erklärte voller Überzeugung, Nächstenliebe sei die einzig angemessene Antwort auf Gewaltandrohung. »Wenn dich dein Bruder mit einem Knüppel schlagen und dir Böses antun will, so gehe hin und überschütte ihn mit deiner Liebe!« Er hob die Arme und ging auf ihn zu. Sven überlegte kurz, ob es Panik war, die er in den Augen des Kerles aufflackern sah. »Lass dich umarmen, mein lieber Eisenstangenmann!«

»Ach, nee, lass mal.« Der Typ trat eilig ein oder zwei Schritte zurück, drehte sich um und ergriff die Flucht. Plötzlich blieb er jedoch stehen und kam zurück. Lächelnd fragte er: »Wie war das? Ihr braucht ein Boot?«

»Fürwahr, mein lieber Bruder, das ist es, was wir begehren.«

»Vielleicht hab ich da was für euch.«

»Wir haben aber keine Kohle«, stellte Sven klar.

»Kein Problem, das habe ich irgendwie gemerkt.« Er lachte und haute Sven freundschaftlich auf die Schulter. Etwas später standen die drei auf einem Hinterhof vor einem rieseigen Anhänger, auf dem ein uralter Kutter verschnürt war.

»Und das Teil nennst du ›ein Boot‹?« Sven popelte stirnrunzelnd an einem rostigen Loch im Bug herum.

»Halleluja, das ist die Königin der Meere!«

»Allerdings.« Es war nicht ganz klar, ob der Eisenstangenmann Jesus oder Sven damit meinte.

»Der Eimer taugt nicht mal als Rattenstall«, nörgelte Sven.

»Wahrhaftig, ich sage dir, es ist die Königin der Meere!«

»Ach ja, das hatte ich beinahe vergessen«, rief der bullige Bursche spöttisch, »du hast sicherlich irgendwo einen Koffer voller Gold und kannst dir eine Luxusjacht vom Feinsten kaufen.«

Sven guckte böse. Jesus tanzte fröhlich herum und sang: »Königin der Meere, König der Meere, trallalala ...«

»Nee, aber jetzt mal ernsthaft, Kumpel: Mit etwas Spachtelmasse und Farbe kriegt ihr den Pott wieder flott. Und es kostet euch keinen Cent. Ihr könnt euch das Boot einfach leihen. Und wenn ihr diese komische Elvis-Sache erledigt habt, bringt ihr mir den Eimer zurück, und fertig. Ganz kostenlos. Einfach nur, weil ihr irgendwie zwei ganz sympathische Vögel seid.«

»Aber da kann man durchgucken.« Sven bohrte einen Finger in ein Loch.

»Da sag ich nur: Spachtelmasse.«

Als der Eisenstangenmann kurz darauf in einem riesigen Traktor und dem Schiffswrack im Schlepptau dem alten Ford hinterhertuckerte, war er sicher, ein gutes Geschäft gemacht zu haben. Wenn es den beiden Vögeln gelingen sollte, den Schrotthaufen aufzumotzen, konnte er den Kutter vielleicht irgendwem für ein paar Scheine andrehen. Und wenn die beiden versagen sollten – tja, dann würde die komische Seereise mit Elvis eben auf dem Meeresgrund enden. Das wäre ihm auch recht, dann hätte er wenigstens die Abwrackgebühr gespart.

Sven, der den alten Ford steuerte, war weniger gut gestimmt. »Was soll's?«, blaffte er Jesus an, der diesmal gar nichts gesagt hatte, »Besser als gar nichts! Wir werden den Pott schon flottkriegen, oder möchtest du lieber zu Fuß gehen? Über das Wasser? Bis auf die Bahamas? Das Boot ist prima. Luxusjachten wachsen ja nicht auf Bäumen. Ich weiß gar nicht, was du an dem Teil auszusetzen hast. Wir kriegen das Boot einfach so. Weil der Eisenstangenmann uns vertraut. Weil er *mir* vertraut, weil er gesehen hat, dass ich im Grunde gar kein übler Kerl bin.«

»Halleluja.«

»Ach, halt die Schnauze!«

Der Eisenstangenmann stellte den riesigen Anhänger vor dem Schweinestall ab, verabschiedete sich grinsend mit einem Kopfnicken und fuhr vom Hof. Jesus erklärte, er wolle Elvis gleich von der Neuigkeit berichten, und schlenderte zum Schweinestall. Sven blieb vor dem Wrack stehen und kratzte sich am Hinterkopf. Er war nicht sicher, ob er sich freuen oder lieber mit dem Kopf gegen die Bootswand schlagen sollte. Das würde ihm nicht wehtun und vielleicht auf andere Gedanken bringen. Allerdings traute er der Stabilität des Stahlrumpfes nicht. Auf gar keinen Fall wollte er noch mehr Schaden anrichten als ohnehin schon da war.

»Ich befürchte, wenn du das Teil noch fester anschaust, fällt es vollkommen auseinander.« Günther stellte sich neben Sven.

Merle und der alte Kröger kamen ebenfalls dazu.

»Oh mein Gott! Was ist das?«, stöhnte Merle.

Der alte Kröger runzelte nur wortlos die Stirn.

»Das ist das Schiff, das ich euch versprochen habe. Wenn es euch nicht passt, besorgt ein besseres.«

Kröger ging um den Hänger herum, klopfte hier und da gegen den Bug und sah sich das Wrack von oben bis unten an. Schließlich kletterte er hinauf und in das Boot hinein. »So schlimm sieht es gar nicht aus«, rief Kröger ihnen zu. Als er wieder herauskam und sich zu den anderen stelle, meinte er: »Ich glaube, wir können den Kahn wieder flottkriegen. Ist aber eine Menge Arbeit.«

»Kennst du dich denn damit aus?«, fragte Günther überrascht.

»Das will ich meinen, ich bin früher selbst zur See gefahren.«

»Echt?« Merle staunte. »Ich dachte, du hast schon immer hier im Betrieb gearbeitet.«

»Und du meinst wirklich, wir kriegen den Dampfer wieder flott?«, fragte Günther.

»Jau, wenn alle mit anpacken.«

»O.K., dann haben wir also ein Boot. Oder jedenfalls sowas Ähnliches. Wie geht es jetzt weiter? Kann hier irgendjemand mit so einem Teil umgehen?« Merle sah Kröger fragend an. »Falls dieser Schrotthaufen jemals wieder schwimmen wird.«

»Es ist die Königin der Meere«, knurrte Sven trotzig.

»Kein Problem, Leute, ich könnte euch ein paar Sachen zeigen. Im Grunde meines Herzens bin ich auch heute noch ein Seemann. Ich habe sogar ein Kapitänspatent. Für die Hochseeschifffahrt.«

»Wie kommt das denn? Ich habe geglaubt, du hast immer nur in der Schweinemast gearbeitet.«

»Tja, das ist eine lange Geschichte.«

Und diese lange Geschichte erzählte er ihnen nun.

Und er wurde nicht einmal unterbrochen.

Krögers Geschichte

»Ich bin in Wuppertal aufgewachsen. Als Sohn eines Schusters. Mein Vater war ein einfacher Mann, aber ein großartiger Schuhmacher! Und er liebte, was er tat. Wenn er nach einem langen Arbeitstag alle Aufträge erledigt hatte, blieb er oft bis in die Nacht in der Werkstatt und fertigte weitere Stücke an. Einfach nur so. Weil er eine Idee für besonders schöne Stiefel oder ein paar extravagante Schlappen im Kopf hatte. Manchmal konnte er diese schuhförmigen Kunstwerke an jemanden verkaufen, obwohl sie niemand bestellt hatte. Oft blieb er auf ihnen sitzen und das Material war verschwendet, wie meine Mutter fand. Papa war da anderer Meinung. Einige von diesen überschüssigen Schuhen bot er gar nicht zum Verkauf an. Wenn meine Mutter das geahnt hätte. Er stellte sie einfach ins Regal und erfreute sich an ihnen, weil sie ihm so gut gefielen. Heutzutage hat ja fast jeder so sein Hobby. Damals war es etwas anderes. Sowas musste man sich erstmal leisten können. Gutes, teures Leder, womöglich noch von dem schön gefärbten, zu verschwenden, nur um sich ein paar Schuhe ins Regal zu stellen. Schuhe, die niemals jemand tragen, geschweige denn kaufen sollte. Undenkbar! Mein Vater tat es trotzdem. Immer wieder. Weil er eben Schuhe liebte. Es dauerte nicht lange, da wurde der Platz knapp. Es wurde immer schwieriger, alles zu lagern. All die Stiefel und Stiefelletten, Halbschuhe, Pantoffeln, Pumps und Sandalen, die er nicht verkaufen konnte oder wollte. Also ließ er sich einen Schuppen in den Garten stellen. Da das winzige Grundstück recht schmal war, musste die Bude ziemlich hoch gebaut werden. So wurde es eigentlich mehr ein Turm als ein Häuschen. Wenn ich auf das Dach kletterte, konnte ich über die Dächer der Nachbarhäuser hinweg die berühmte Wuppertaler Schwebebahn sehen.

Mein Vater lebte seinen Traum. Und er wollte, dass ich eines Tages seine Schuhmacherei übernehme. Doch sein Traum war nicht mein Traum. Nein, ich hatte ganz andere Pläne. Für mich stand es schon ganz früh fest: Ich wollte zur See fahren. Alle Schuhe dieser Welt konnten mir den Buckel runterrutschen. Ich wollte Seemann werden und sonst gar nichts. Natürlich mochte mein lieber Papa von diesen Jungenträumen nichts hören. Wenn ich ihm davon erzählte, versetzte er mir eine Ohrfeige und stellte klar: ›Nix da, du lernst ein anständiges Handwerk. Du wirst Schuhmacher.‹ Oder: ›Schuster bleib bei deinen Leisten!‹ Tja, was sollte ich dazu sagen? Weiterhin stand für mich fest: Ich würde Seemann werden. Doch ich redete nicht mehr über meine Zukunftspläne. Stattdessen ging ich oft an das kleine Flüsschen, an die Wupper. Da saß ich stundenlang am Ufer, ließ selbstgeschnitzte

Borkenbötchen schwimmen und träumte von meiner wunderbaren Zukunft als Seefahrer.

An einem schönen Freitagvormittag im Juli 1950 saß ich auch dort. Ich war fünfzehn Jahre alt. Borkenboote ließ ich keine mehr schwimmen. Doch ich träumte immer noch davon, die Weltmeere zu befahren. Allerdings war ich an diesem Morgen etwas mutlos. Ich konnte mir kaum vorstellen, der drohenden Schuhmacherwerkstatt jemals zu entkommen, denn gerade an diesem Morgen hatte mein Vater mir wiedereinmal gesagt: ›Schlag dir diese blödsinnigen Flausen aus dem Kopf! Du wirst Schuhmacher, basta!‹ Tja, wie sollte ich mich jemals gegen Papa durchsetzen? Das schien mir einfach unmöglich zu sein. Ich hörte die Schwebebahn anrauschen und schleuderte wütend einen kleinen Stein in das Flüsschen. Da krachte es über mir und vor mir platschte etwas Großes in das Wasser. Plötzlich stand ein Elefant knietief in der Wupper und wedelte scheinbar etwas verlegen mit den Ohren. Der Dickhäuter starrte mich ebenso verwundert an, wie ich ihn. Über uns fuhr die Schwebebahn unbeirrt weiter, hatte aber nun ein ziemlich großes Loch in der Seitenwand. Kurz darauf kamen aufgeregte Leute und führten das brave Tier davon. Ich schaute ihnen verwirrt hinterher und dachte bei mir: Sowas *kann* doch gar nicht passieren. Nachdenklich machte ich mich auf den Heimweg. Bevor ich zu Hause ankam, fiel mir noch rechtzeitig ein, dass ich eigentlich in der Schule sein sollte. Meine Mutter würde unangenehme Fragen stellen, wenn ich schon so zeitig heimkäme. So schlich ich durch die Straßen und grübelte über das nach, was doch eigentlich gar nicht möglich und doch geschehen war: Ein echter und wahrhaftiger Elefant war quasi vom Himmel geplumpst. Genau genommen war er offensichtlich aus der Schwebebahn in die Wupper gestürzt, aber das schien mir ebenso unmöglich zu sein.

Bald wurde die Geschichte mit dem Elefanten überall herumerzählt. Der Zirkus Althoff, der im Ort gastierte, hatte das große Tier in der Schwebebahn fahren lassen, um auf besonders witzige Art für die Abendvorstellung zu werben. Dem Dickhäuter namens Tuffi hatte die

Fahrt wohl nicht so gut gefallen. Die junge Elefantenkuh war während der Fahrt in Panik geraten und aus der fahrenden Bahn direkt in die Wupper gesprungen. Ich hatte nun zwar eine logische Erklärung für das ungewöhnliche Ereignis, doch das änderte für mich nichts an der Tatsache, dass etwas geschehen war, das eigentlich nicht geschehen konnte. Ich kam auf den logischen Gedanken: Wenn etwas dermaßen Unglaubwürdiges passieren kann, dann können auch meine ›blödsinnigen Flausen‹ wahr werden.

In dieser Nacht packte ich heimlich ein paar Sachen zusammen und lief davon. Vielleicht war es mein Glück, dass ich nicht aussah, wie ein Fünfzehn-, sondern mindestens wie ein Sechzehneinhalbjähriger. Und ich konnte anpacken. So bekam ich im Hamburger Hafen bald einen Job als Packer. Nach Papieren oder Zeugnissen fragte niemand und meinem Traum war ich ein ganzes Stück näher gekommen. Tatsächlich dauerte es nun auch nicht lange, bis ich meine große Chance bekam. Auf einem Stückgutfrachter, der nach Übersee ging, konnte ich meinen ersten Job als Schiffsjunge ergattern. Und damit fing der eigentliche Schlamassel an. Wir hatten kaum die offene See erreicht, da hing ich an der Reling und fütterte die Möwen, indem ich mir die Seele aus dem Leib reiherte. Und alles andere auch. So übel war mir noch nie zuvor im Leben gewesen. Und es hörte einfach nicht auf. Die anderen Seeleute versuchten, mir Mut zu machen. Sie sagten: ›Du wirst dich schon dran gewöhnen, Bubi.‹ Oder sie klopften mir mitfühlend auf die Schulter. Ich gewöhnte mich aber nicht daran. Jede einzelne, verdammte Welle drehte mir den Magen um. Immer und immer wieder. Es war die Hölle. Ich konnte regelrecht spüren, wie ich grüner und grüner im Gesicht wurde. Es wurde erst besser, als ich in Caracas an Land ging und endlich wieder festen Boden unter den Füßen fühlte.

Als die Fahrt weitergehen sollte, hoffte ich, dass ich mich tatsächlich an das ewige Auf und Ab, an das üble Gewanke und Gewoge gewöhnen könnte, doch leider war dem nicht so. Auch auf der Rückfahrt war mir ununterbrochen speiübel. Wieder in Hamburg arbeitete ich eine Weile als Packer. Doch bald bekam ich wieder einen Job auf einem Pott. Diesmal ging es nur nach Norwegen. Wieder fühlte ich mich die ganze Fahrt über scheußlich. Die Möwen hatten ihre helle Freude an meiner verfluchten Seekrankheit. Ich bin viele Jahre zur See gefahren. Habe mich jedoch nie an das ewige Geschaukel gewöhnen können. Die anderen Jungs gaben mir Meerwasser zu trinken. Angeblich sollte das helfen. Tja, es half nicht. Sie brachten mir das Pfeiferauchen und das Rumtrinken bei. Auch das konnte nichts gegen Klabautermanns Zorn ausrichten. In meiner ganzen Seefahrerkarriere gab es keinen einzigen Tag, an dem mir nicht hundeelend war. Aber ich hatte eben keine andere Wahl. Ich wollte doch so gern Seemann sein. Mir war zwar ununterbrochen fürchterlich jämmerlich zumute, trotzdem habe ich immer tapfer meine Pflicht erfüllt. Habe mich zum Schiffsmechaniker hochgearbeitet, zum Maschinisten, zum zweiten und zum ersten Offizier. Zum Steuermann und schließlich hatte ich mein Kapitänspatent in der Tasche. Trotz der unerbittlichen Seekrankheit.

Eines Tages hing ich wieder über der Reling und kotzte, was das Zeug hielt, da legte mir jemand von hinten die Hand auf die Schulter und sprach: ›Na na na. Ein seekranker Seemann. Wo gibt es denn sowas?‹ Das war Herr Speckmann, Merles Vater. Wir haben uns eine Weile recht angenehm unterhalten, auch wenn ich das Gespräch nach jedem Satz kurz unterbrechen musste.

Der freundliche, dicke Mann riet mir, die Seefahrerei an den Nagel zu hängen.

›So ein Leben, getragen von nicht enden wollender Seekrankheit. Das ist doch nicht schön.‹

Da gab ich ihm natürlich aus vollem Herzen recht und beugte mich erneut über die Reling. Anschließend wischte ich mir den Mund ab und erklärte Herrn Speckmann, dass es eben mein Jugendtraum gewesen war, als Seemann über die Weltmeere zu schippern.

›Jaja‹, sagte er. ›Es ist natürlich gut, seine Träume zu leben. Aber das haben Sie ja nun erledigt. Jetzt sollten Sie auf eine Weise leben, die bei Ihnen nicht eine endlose Übelkeit verursacht.‹

›Was soll ich denn tun?‹, fragte ich und ließ einen kräftigen Schwall über Bord gehen. ›Ich habe doch nichts anderes gelernt.‹

Und da hat Herr Speckmann etwas ganz Feines getan. Er hat mir einen Job angeboten. Auf dem Festland. Ganz ohne Wellengeschaukel und Gewackel. Ich konnte in seiner Schweinemastanlage anfangen. Ich dachte mir: ›Warum nicht? Das kann ich ja mal ausprobieren.‹

Ich kehrte also der Seefahrt den Rücken zu und widmete mich der Schweinemast. Und ich genoss jeden Tag im Betrieb. Die Jahre flossen nur so dahin, ohne dass ich mich jemals wieder übergeben musste. Es war wunderbar. Also bin ich geblieben. Bis zum heutigen Tag.«

Frischer Lack für die Königin

Während sie die ›Königin der Meere‹ restaurierten, blühte der alte Kröger regelrecht auf. Er hatte Spaß an der Arbeit, gab Ratschläge, fachliche Anweisungen und pfiff ununterbrochen Seemannslieder. Niemals wurde er müde, die anderen zu loben und zu ermutigen. Günther war ebenfalls mit voller Energie bei der Sache. Wenn er nicht auf der Apfelplantage oder in den Ställen der ehemaligen Schweinemastanlage arbeiten musste, fuhrwerkte er unermüdlich auf dem alten Boot herum. Sven konnte glücklicherweise gut mit einem Schweißgerät umgehen und Merle hatte offenbar ein bis dahin unentdecktes Talent für Maschinenbau. Sie schraubte den uralten Dieselmotor auseinander, reinigte und reparierte die Einzelteile. Bloß Jesus war für die praktische Arbeit nicht zu gebrauchen. Eigentlich hatte er den Auftrag, den Bootsrumpf zu entrosten. Die Schleifmaschine erzeugte jedoch einen unerträglichen Lärm. So zog Jesus es vor, die ›Königin der Meere‹ durch bloßes Handauflegen zu heilen. »Es ist vollbracht!«, rief er zufrieden und schlenderte fröhlich davon. Unbedingt wollte er Elvis von dieser schönen Neuigkeit berichten. Die Sau zeigte allerdings keinerlei Interesse. Sie lag im Stall und ruhte sich aus. Würde jemand in diesen Tagen ausrechnen, wie alt Elvis inzwischen war, würde sich zeigen, dass sie die übliche Lebenserwartung eines Hausschweines schon weit überschritten hatte. Das mochte an der guten Pflege oder an der gesunden Ernährung liegen. Oder an all der Liebe, die dem Tier entgegen gebracht wurde. Möglicherweise lag es aber auch an dem hervorragenden Single-Malt-Whiskey, den Günther gelegentlich immer noch spendierte. Allzu oft durfte er sich das allerdings nicht erlauben. Da passte Merle genau auf.

»Hey«, rief Günther dem alten Kröger zu, während sie das Deck neu lackierten, »Was ist eigentlich aus deinem Vater geworden? Hast du ihn mal wiedergesehen?«

»Nachdem ich in alle sieben Weltmeere gereihert habe, bin ich noch einmal nach Wuppertal gereist und habe meine Eltern besucht. Als ich kam, posierte er in roten Pumps vor dem Spiegel. Da brauchst du überhaupt nicht so blöde zu grinsen. Das hatte nichts Schlüpfriges oder Anrüchiges an sich. Er stolzierte da nur so auf und ab, weil sie ihm so gut gefielen, seine neuen Schuhe.«

»Na, ist doch schön. Und was hielt deine Mutter davon?«

»Die war zufrieden. In der Zwischenzeit war mein Vater nämlich kein einfacher Handwerker mehr, sondern ein richtiger Schuh-Mode-Designer. Das gefiel ihr außerordentlich gut. Mein Vater konnte seiner verrückten Leidenschaft nachgehen und so viele Schuhe machen, wie er wollte. Aus Italien und aus Paris, sogar aus New York kamen irgendwelche Modespinner an, nur damit er ihnen ein paar Schuhe entwarf. Tja, so hat die Geschichte ihr *Happy End*.«

»Fein. Und du?«

»Ich habe hier meinen Platz gefunden. Habe mich viele Jahre um die Schweinemast vom ollen Speckmann gekümmert. Und als Merle den Betrieb übernahm und von Grund auf umkrempelte, fand ich das irgendwie gut. Vielleicht hätte das sogar ihrem alten Herrn gefallen.«

»Ja, das mag sein.«

»Und du? Was hast du eigentlich so gemacht, bevor du hier aufgetaucht bist? Du hast es nie erzählt. Ist es ein Geheimnis? Was hast du getrieben, bevor du Äpfel angebaut hast? Und wieso redest du nie darüber?«

»Och, das ist doch schon lange her und überhaupt nicht interessant. Habe ein bisschen Musik gemacht, und so.«

»Und davon konntest du leben?«

»So einigermaßen.«

Die Arbeiten am Kutter zogen sich ziemlich in die Länge. Es war für alle eine sehr anstrengende Zeit. Vormittags und am frühen Nachmittag wurden die Ställe ausgemistet, die Tiere gefüttert und gepflegt. Merle organisierte Futter-, Material- und Geldspenden. Günther musste die Apfelplantage versorgen. Das war umso wichtiger, da der Apfelverkauf, neben den Spenden, die einzige Einnahmequelle war. Am Nachmittag versammelte sich die komplette Mannschaft am Boot, um weiter daran zu arbeiten. Nach ein paar Stunden mussten wenigstens zwei oder auch drei Leute, wenn man denn Jesus als volle Arbeitskraft zählen wollte, wieder in den Ställen arbeiten. Gegen 21 Uhr trafen sich meistens alle Menschen in der Küche, planten das weitere Vorgehen oder plauderten noch etwas miteinander. Diese abendlichen Versammlungen waren wichtig, in dieser anstrengenden und arbeitsreichen Zeit. Die Freunde konnten sich gegenseitig ermutigen und dabei helfen durchzuhalten.

Eines Tages war es endlich so weit. Kröger verkündete stolz: »Freunde, wir haben es geschafft. Die ›Königin der Meere‹ ist wieder fit. Es gibt weiter nichts zu tun als sie ins Wasser zu setzen und loszuschippern.«

»Tja, das ist ja schön und gut«, antwortete Merle, »doch wie kriegen wir das Schiff jetzt in den Hafen?«

»Kein Problem.« Sven lächelte Merle an. »Der Eisenstangenmann hat doch einen riesigen Transporter. Ich werde ihn gleich mal fragen, ob er uns hilft.«

»Na wunderbar. Dann könnt ihr ja bald auf große Fahrt gehen«, stellte der alte Kröger fest.

»Wieso ›*ihr*‹? Du wirst doch wohl mitkommen?«

»Nee, min Deern. Ich bin zu alt für so einen Blödsinn. Außerdem wird mir auf See bloß wieder übel.«

Am Abend feierte die komplette Belegschaft ein Richtfest für die ›Königin der Meere‹. Es wurde ein Lagerfeuer angezündet. Elvis bekam eine Extraration Whiskey und Günther spielte Gitarre. Alle waren fröhlich, bloß Merle schaute mit trübsinniger Miene in die Flammen.

»Was ist los?«, fragte Sven. »Freust du dich gar nicht, dass wir den Eimer wieder flottgekriegt haben.«

»Doch natürlich.« Merle seufzte. »Ich weiß bloß nicht, wie wir die Reise schaffen sollen. Als Kröger erzählte, dass er früher ein Seemann und sogar ein Kapitän war, da glaubte ich natürlich, dass er mitkommt.«

»Pah, kein Problem, das kann ja nicht so schwierig sein. So'n kleinen Kutter fahre ich doch mit Links.«

»Außer Kröger hat niemand von uns auch nur einen Hauch von Ahnung von der Seefahrt. Ich habe nicht einmal das Freischwimmerabzeichen. Wenn wir uns auf das Meer wagen, gehen wir unter, da bin ich mir sicher.«

Kröger setzte sich neben Merle. »Ach min Deern, lass den Kopp nicht hängen. Sven hat recht. So 'n kleenen Pott schippert ihr locker bis an das Ende der Welt und zurück. Alles, was ihr wissen müsst, werde ich euch beibringen.«

Schon am nächsten Abend, nachdem die alltägliche Arbeit im Betrieb erledigt war, begann der Unterricht. Allerdings waren die Schüler nicht besonders diszipliniert. Jesus plapperte ständig dazwischen, Sven schielte andauernd zu Merle rüber, um sie dämlich anzugrinsen, und Günther schlief meistens nach spätestens zehn Minuten ein. »Ich kann nichts dafür«, verteidigte er sich, »immer wenn ich gestresst bin, schlafe ich ein. Das ist eine ernstzunehmende Krankheit.«

Kröger ging schließlich dazu über, Einzelunterricht zu geben. »Es brauchen sowieso nicht alle alles zu wissen. Jetzt kriegt jeder sein Fachgebiet.« Merle, die ja schon eine gewisse Begabung für Motoren gezeigt hatte, wurde zur Maschinistin ausgebildet. Günther lernte ein Schiff zu steuern, zumindest theoretisch. Außerdem brachte Kröger ihm die wichtigsten Verkehrsregeln auf See bei. Sven lernte zu navigieren. Zum einen zeigte Kröger ihm den Umgang mit den altmodischen Geräten an Bord und zum anderen erklärte er ihm, wie er sich anhand des Sternenhimmels orientieren konnte. Sicherheitshalber.

»Und was kann ich tun?«, fragte Jesus.

»Du bist der Kapitän«, lachte Kröger, »da brauchst du bloß auf die anderen aufzupassen.«

Tatsächlich wurde Jesus vom Unterricht befreit. Merle und Kröger waren sich einig, dass er sich an Bord am besten nur um das Schwein kümmern sollte. Da würde er am wenigsten stören und Elvis schien sich zu beruhigen, wenn Jesus ihm eine Predigt hielt.

Und eines Tages war es endlich so weit: Die ›Königin der Meere‹ strahlte im frischen Lack und die Besatzung war geschult. Jetzt musste bloß noch das Schiff in den Hafen gebracht werden. Und Elvis konnte endlich ins Schweineparadies nach Pig-Island reisen.

Flaschenpost

Schon seit Jahren betrieb der Eisenstangenmann ein merkwürdiges Hobby. Vermutlich war der Hafenmeister dazu gekommen, weil er eine recht einsame Person war. Und weil er einen sonderbaren Humor besaß, den die meisten anderen Menschen nicht nachvollziehen konnten.

Regelmäßig holte er sich ein paar Flaschen Bier. Dabei legte er großen Wert darauf, dass diese nicht mit einem Kronkorken versehen waren. Auch mit Bierbüchsen konnte er nichts anfangen. Der Eisenstangenmann griff ausschließlich auf Biermarken zurück, die einen Bügelverschluss verwendeten. Er setzte sich an den Küchentisch, trank das Bier und schrieb in allerschönster Schönschrift seine Telefonnummer auf einen Zettel. Sonst nichts. Kein Grußwort, keine

Botschaft, keinen Witz. Die leere Flasche reinigte er sorgfältig und tröpfelte etwas Rosenparfüm hinein. Nun schob er den zusammengerollten Zettel mit der Nummer durch die schmale Öffnung, verschloss sie und warf die Flaschenpost in die Ostsee. Es bereitete ihm ein stilles, spitzbübisches Vergnügen, sich auszumalen, wie irgendwer seine rätselhafte Botschaft fand und tagelang über die Bedeutung der geheimnisvollen Zahlen nachgrübelte. Vielleicht würde der Flaschenpostfinder einen Privatdetektiv beauftragen, das Zahlenrätsel zu lösen. Vielleicht würde er kluge Professoren an den angesehensten Universitäten befragen. Vielleicht würden die Zahlen für die Koordinaten eines Seeräuberschatzes gehalten.

Die liebste Fantasie des Eisenstangenmannes war jedoch diese: Eine wunderschöne Prinzessin fand die Flaschenpost und rief ihn sofort an. Beim Klang seiner Stimme verliebte sie sich augenblicklich in ihn. Die beiden heirateten und bekamen mindestens 17 Kinder.

Natürlich hätte er sich auch einfach auf den Weg machen und seine Traumprinzessin suchen können, doch leider war der Eisenstangenmann kein besonders mutiger Mensch. Auch wenn er ein riesiger, muskelbepackter Kerl war. Einfach so in die weite, fremde Welt zu reisen, das traute er sich nicht. Verträumt sah er der Flasche mit dem geheimnisvollen Zahlenrätsel zu, wie sie zwischen den Kuttern vor sich hindümpelte. Meistens trieben die Flaschen einige Stunde, oder auch Tage im Hafenbecken herum, doch irgendwann, früher oder später fanden sie alle ihren Weg, ihren Seeweg, und trieben ins offene Meer hinaus. Eine Hand legte sich auf seine Schulter. Der Eisenmann schreckte auf.

»Moin, Eisi, du musst uns helfen.« Es war Sven.

Der Eisenstangenmann war gleich bereit, die ›Königin der Meere‹ abzuholen. Sie vereinbarten, dass der Stapellauf schon in der nächsten Woche stattfinden sollte, denn, so fand Sven, es war schon viel zu viel Zeit verplempert worden.

»Was?«, rief Merle entsetzt, als er ihr freudig davon erzählte. »So bald schon?«

Es gab noch viel zu tun. Kröger, der ja nicht mit auf große Fahrt kam, sollte den Betrieb in Merles Abwesenheit weiterführen. Und da alle weiteren Arbeitskräfte mit zu Pig-Island wollten, mussten Hilfsarbeiter gefunden und angelernt werden. Am besten fleißige Aushilfen, die mit geringer Bezahlung zufrieden waren. Oder die sogar bereit waren auf diese komplett zu verzichten. Es fanden sich zwei Schülerinnen, eine Hausfrau und ein rüstiger Rentner bereit, jeden Tag ein paar Stunden im Betrieb zu arbeiten. Ehrenamtlich. Den Tieren zuliebe. Merle war etwas skeptisch, doch Kröger beruhigte sie: »Das wird schon gehen. Die Neuen sind zwar nicht die hellsten Leuchten unter der Sonne, aber sie sind fleißig und geben sich Mühe.«

»Na, wenn du meinst.«

Mit Hilfe eines großen Krans wurde die ›Königin der Meere‹ am Mittwochmorgen vom Hänger in das Hafenbecken gehoben.

»Welch ein Glück, dass du so einen großen Kran hast!« Sven haute dem Eisenstangenmann freundschaftlich auf die Schulter. »Und dass du mit ihm umgehen kannst.«

»Wäre komisch, wenn ich es nicht könnte. Immerhin bin ich hier der Hafenmeister.«

Als der Kutter im Wasser lag, trug die Crew ihr Gepäck an Bord. Der Eisenstangenmann und Kröger standen daneben und sahen zu. Schließlich sollte Elvis an Bord gehen. Sie quiekte ängstlich und weigerte sich, die Gangway zu betreten.

»Fürchte dich nicht!«, rief Jesus ihr aufmunternd zu. »Ich bin bei dir, jetzt und immerdar!«

»Na los, du dumme Sau«, murmelte Sven genervt, als er sicher war, dass Merle ihn nicht hören konnte.

Merle hockte auf der schmalen Gangway und machte Schnalzgeräusche mit der Zunge, um das Tier anzulocken. Doch Elvis machte kehrt und kletterte in den Anhänger zurück, in dem sie hergefahren worden war. Dort drehte sie sich ein- oder zweimal im Kreis, wie es manchmal Hunde zu tun pflegen, wenn sie sich bequem hinlegen wollen, und machte es sich im Stroh gemütlich. Der

Eisenstangenmann schlug mit der flachen Hand gegen die Seitenwand aus Blech. Kröger schnauzte ihn an: »Lass das, Kerl, damit machst du sie nur noch nervöser!« Doch diese Befürchtung war unbegründet. Elvis grunzte bloß kurz und schloss die Augen. Offensichtlich wollte sie ein Nickerchen machen.

Günther war es, der auf die rettende Idee kam. Er holte eine Flasche Whiskey aus seiner Reisetasche, öffnete sie und hielt sie Elvis unter die Nase. Die Sau schnupperte, öffnete die Augen und sprang fröhlich auf. Beinahe schien es so, als würde sie grinsen. Nun folgte sie bereitwillig dem Gitarrenmann, der die wunderbare Flasche in der Hand hielt. Freudig tappte sie über die Gangway auf das Boot.

Der Eisenstangenmann konnte das Schwein gut verstehen. Einfach so in die weite Welt hinauszureisen: Dazu war doch eine Menge Mut notwendig. Egal, ob man ein Mensch oder eine Sau war. Und auch dass Elvis mit dem Whiskeyduft in der Nase die Angst vergaß, konnte der Hafenmeister gut nachvollziehen. Und plötzlich bekam er ein schlechtes Gewissen. Das arme Schwein auf dem löchrigen Pott, das arme Schwein auf dem Weg zum Meeresgrund.

»Ich hab da noch was für euch!«, rief er kurzentschlossen. Kröger sah ihn überrascht von der Seite an. »Ey, du da, du komischer Vogel!«, sprach er nun Sven direkt an. »Ich hab da noch was für euch.«

Sven und der alte Kröger folgten dem Eisenstangenmann, der sie zu einem grünen Ruderboot führte. »Wenn ihr auf große Fahrt geht, solltet ihr unbedingt ein Rettungsboot mitnehmen. Für alle Fälle.«

»Ach, das wird nicht nötig sein. Die ›Königin der Meere‹ ist in Topform, da kann nichts schiefgehen«, meinte Sven.

Doch der Eisenstangenmann wollte kein Risiko eingehen. »Nehmt das Beiboot lieber mit. Das kann nicht schaden. Ist ein gutes Boot aus Holz. Geht auch mit einem kleinen Leck nicht unter.«

Sie schoben es auf einer Art Schubkarre ein paar Meter in Richtung Hafenbecken.

»Ach, jetzt hätten wir beinahe die Ruder vergessen«, rief der Eisenstangenmann. »Ein Ruderboot ohne Ruder nützt nicht viel.«

Er lief zurück zum Schuppen, während der alte Kröger und Sven den Holzkahn zur ›Königin‹ brachten. Der Hafenmeister holte die beiden rasch ein. Auf seiner linken Schulter balancierte er nun ein paar lange Ruder.

»Ihr hängt die Kiste einfach hinten an den Pott. Sie wird euch unterwegs nicht stören und könnte euch im Notfall das Leben retten.«

Das Beiboot war rasch mit einem dicken Tau an dem alten Kutter befestigt und die Reise konnte beginnen. Merle, Sven und Günther umarmten den alten Kröger zum Abschied. Jesus gab ihm seinen Segen und Elvis grunzte freundlich. Dem Eisenstangenmann gaben alle außer Jesus und Elvis die Hand und dann startete Günther den Dieselmotor, ließ das Schiffshorn aufheulen und tuckerte aus dem kleinen Fischerhafen. Obwohl Kröger es ihm genau gezeigt und alles erklärt hatte, war es nicht ganz einfach, die ›Königin der Meere‹ aus dem Hafen zu lenken, ohne irgendwo anzustoßen. Merle, Sven und Jesus winkten den beiden Gestalten zu, die am Kai standen und zusahen, wie der kleine Kutter mit dem winzigen Beiboot auf das offene Meer hinausfuhr. Bald waren sie nicht mehr zu sehen.

Auch als die ›Königin der Meere‹ schon lange seinem Blick entschwunden war, blieb der alte Kröger noch auf der Kaje und sah ihr nach. Er spürte eine Träne über seine Wange laufen und wischte sie verärgert fort. Verdammt, eigentlich wäre er doch gern mitgefahren. Zum Teufel mit der verfluchten Seekrankheit, er war und blieb ein alter Seebär. Neben ihm stand der Eisenstangenmann. Irgendetwas kam dem alten Kröger merkwürdig vor, irgendwie falsch. Er kam bloß nicht darauf, was es war. Der Eisenstangenmann stützte sich auf die Ruder, die er eben noch auf der linken Schulter balanciert hatte, und beobachtete eine Bierflasche mit Bügelverschluss, die sinnlos im Hafenbecken herumdümpelte.

Auf See

Heißa, es war eine gar lustige Fahrt! Stunde um Stunde flog die ›Königin der Meere‹ fröhlich dahin, das hölzerne Beiboot tanzte munter auf den Wellen hintendrein. Der Wind blies unseren Freunden die Gischt in die lachenden Gesichter und hoch droben in der Luft kreischten die Möwen das wunderbare Lied von Weite, Abenteuer und Freiheit. Fast wollte einem das Herz im Leibe vor lauter Glück zerspringen!

Allerdings trübte sich bei Günther die Stimmung etwas, als Sven sich über die Navigationsgeräte neben dem Steuerrad beugte und murmelte: »Ich bin mir jetzt gar nicht so ganz sicher. Müssen wir da vorne an der komischen Boje nach links oder sollten wir uns lieber backbord halten?«

»Ich denke, der alte Kröger hat es dir gezeigt.« Günther drosselte die Geschwindigkeit.

»Ja, schon. Jetzt fällt es mir wieder ein.« Sven tippte auf einen altmodischen Kompass. »Das Teil hier zeigt an, dass wir nach Dings … nach rechts müssen. Und dann immer geradeaus.«

Geschickt bog Günther hinter der Boje ab, gab wieder Vollgas und bat Sven: »Wenn es jetzt sowieso bloß geradeaus geht, kannst du ja für eine kleine Weile das Ruder übernehmen.«

Den Nachmittag über und auch in der nächsten Zeit hielten sie es immer so. Über weite Strecken wechselten sich Günther, Sven und Merle am Steuer ab. Jesus und Elvis waren von diesem Schichtbetrieb ausgenommen, da ihnen niemand das Führen eines Schiffes zutraute. Selbst dann nicht, wenn es nur geradeaus ging und es eigentlich nichts gab, womit sie kollidieren konnten. Bei schwieriger Wetterlage und auch sonst, wenn es komplizierter wurde, übernahm Günther das Ruder. Immerhin war er es, den Kröger zum Steuermann ausgebildet hatte. Wenn sie für die Nacht eine flache Stelle fanden, ankerten sie, ansonsten ließen sie sich bei ruhiger See bis zum Morgengrauen einfach treiben.

Unter Deck bewohnten sie gemeinsam die einzige Kabine. Leider gab es hier nur vier Kojen, die sie untereinander aufteilen mussten. Wenn sie Elvis mitzählten, und das mussten sie, denn auch das Schwein brauchte seinen Ruheplatz, dann waren sie zu fünft. Und mit der Sau wollte niemand, nicht einmal Jesus, eine Koje teilen. Das war jedoch halb so wild, fand Merle, denn einer musste ja sowieso immer Wache halten.

Da sie über längere Zeit auf engem Raum miteinander auskommen mussten, war es unerlässlich, dass einige Regeln festgesetzt wurden. So war es beispielsweise Jesus streng verboten, den ganzen Tag über zu predigen. Er durfte morgens eine kurze Ansprache halten und am Abend eine weitere. Darüber hinaus durfte er nie mehr als zwei Sätze am Stück sagen. Zunächst murrte er darüber, dann versuchte er seine gewohnt langen Ansprachen in nur einem endlosen Satz unterzubringen. Merle schlug ihm vor, er könne Elvis etwas Schönes ins Ohr flüstern, solange er wollte. Damit waren alle einverstanden. Auch das Schwein war mit dieser Lösung offensichtlich zufrieden.

Keiner der Besatzung verfügte über einen Bootsführerschein und allgemein wurde angenommen, dass jedes Schiff eine Betriebserlaubnis benötigte. Vermutlich war diese, falls es denn je eine gegeben hatte, für den alten Kutter längst erloschen. Auf jeden Fall konnte es nicht schaden, der Wasserpolizei und überhaupt allen Amtspersonen aus dem Weg zu gehen. Aus diesem Grund hielten die Crew-Mitglieder es für das beste, möglichst in internationalen Gewässern auf offener See zu bleiben und einen Mindestabstand zu den Küsten einzuhalten.

Sie waren nun schon einige Tage unterwegs. An Bord spielte sich allmählich eine gewisse Routine ein. Wie oft am frühen Morgen standen Merle und Günther am Heck und tranken gemeinsam eine Tasse Kaffee. Die ›Königin der Meere‹ tuckerte an einem dänischen Fischkutter vorüber, der von einem Schwarm Möwen umlagert wurde.

»Es ist schon erstaunlich, dass wir so vielen Booten mit dänischer Beflaggung begegnen«, fand Günther.

»Ja, allerdings. Beinah ebenso merkwürdig ist, dass es einfach nicht wärmer wird. Wir müssten doch schon fast die Karibik erreicht haben, oder?«

Auf dem Boot warf ein Fischer einen Gegenstand ins Wasser. Dass es sich hierbei um einen Koffer voller Bargeld handelte, konnten Günther und Merle natürlich nicht erkennen. Es war nun der dritte Geldkoffer, den der Fischer versenkte. Und es war der letzte. Nun war Rasmus beinahe wieder pleite – endlich.

Vor einem halben Jahr hatte der Fischer genau an dieser Stelle eine Flasche im Netz gefunden. Als er den Bügelverschluss öffnete, strömte ein feiner Rosenduft aus dem Gefäß und vermischte sich auf reizvolle Weise mit dem Fischgeruch an Bord. In der Flasche befand sich ein Zettel, den Rasmus mit viel Mühe herausfummelte. Auf dem Papier waren in zarter Schrift ein paar geheimnisvolle Ziffern geschrieben worden. Sonst nichts. Kein Grußwort, keine Botschaft, kein Witz.

»Das muss eine tiefe, vielleicht magische Bedeutung haben«, dachte er sich.

Noch am gleichen Abend kaufte er einen Lottoschein und kreuzte die Zahlen aus der Flaschenpost an. Anschließend ging er nachhause, setzte sich in den Schaukelstuhl und strickte Strümpfe. Das Stricken war sicherlich ein ungewöhnliches Hobby für einen dänischen Heringsfischer, doch Rasmus konnte sich kaum etwas Schöneres vorstellen. Er liebte es, abends neben seiner Frau zu sitzen und vor dem Fernseher dicke Wollsocken zu stricken. Außerdem gab es nirgends auf der Welt so wunderbare Strümpfe zu kaufen. Rasmus versorgte nicht nur sich selbst und Agnes mit warmer Fußbekleidung, sondern auch die anderen Fischer im Dorf.

Ein paar Tage später bekam Rasmus die Nachricht, dass er mit den Flaschenpostzahlen tatsächlich einen riesigen Gewinn erzielt hatte. Nun brauchte er nicht mehr mit dem alten Kutter in die Kälte hinauszufahren. Folglich brauchte er auch keine warmen Socken mehr zu stricken. Stattdessen feierte er laute Partys. Alkohol floss in Strömen, kein billiger Fusel, sondern feinster Champager. Nach ein paar Tagen war es dem Dänen im Dorf trotz allem zu langweilig geworden.

»Ach Schatz«, sprach er zu seiner Frau, »pack deine Sachen, wir fliegen nach Las Vegas.«

Doch anstatt sich zu freuen, zeterte Agnes: »Was soll ich denn da? Ich bleibe hier! Früher war es viel schöner, als du noch ein anständiger Fischer warst, als du abends neben mir gesessen und gestrickt hast!«

»Papperlapapp!«, schnauzte Rasmus bloß kurz und reiste ab.

In Las Vegas feierte er und ließ sich allabendlich volllaufen, bestellte leichte Mädchen und Kokain auf sein Zimmer und war kaum wiederzuerkennen.

Doch glücklich wurde er dabei nicht.

Eines Tages bekam er eine Postkarte aus Dänemark: »Lieber Rasmus, bitte komm wieder heim. Ich vermisse dich. Deine Agnes.«

Der unglückliche Millionär ließ die Karte sinken. Zwei Tränen der Reue kullerten über seine Wangen und er reiste in sein Fischerdorf zurück. Im Flugzeug dachte er darüber nach, was er nun mit all dem Geld anfangen sollte. Er könnte es verschenken. Doch ihm hatte es kein Glück gebracht. Im Gegenteil. Und sollte er nun sein Unglück verschenken? Oder spenden? Nein, dieses Geld war kein gutes Geld. Überhaupt war er zu der Überzeugung gekommen, dass Geld eher unglücklich als glücklich machte.

Wieder zu Hause ging er jeden Morgen fischen und versenkte kofferweise das Unglücksgeld. Abends saß er neben seiner lieben Agnes und strickte wunderbare Socken. Die beiden wurden wieder sehr glücklich miteinander. Beinahe noch glücklicher als vor dem unglückseligen Flaschenzahlenfund.

»Sie sind elegant, nicht wahr?« Merle sah den weißen Vögeln, die den dänischen Kutter umschwärmten, zu.

»Ja, wie die Engel. Irgendwer hat mal behauptet, sie würden aussehen, als hießen sie Emma.«

»Morgenstern.«

»Was?«

»Christian Morgenstern hat das gesagt. Ein Dichter.«

»Ach so.« Günther fing an zu summen. »Ich finde ja«, meinte er schließlich, »sie sehen ganz anders aus. ›Emma!‹ Das klingt überhaupt nicht engelmäßig.«

Das dänische Fischerboot war in der Ferne kaum noch zu erkennen. Günther summte weiter seine Melodie.

»Andauernd begegnen wir Booten mit dänischen Flaggen«, murmelte Merle. »Oder mit schwedischen. Und die Karibik habe ich mir irgendwie auch wärmer vorgestellt.«

»Polly!«, rief Günther. »Ich finde, alle Möwen sollten ›Polly‹ heißen.«

Auch in den nächsten Tagen begegneten sie Schiffen aus Dänemark und Schweden, aber keinen von den Bahamas oder von irgendwelchen Karibikinseln.

Mitten in der Nacht rummste es plötzlich. Anschließend war ein unangenehmes Scharren und Kratzen am Schiffrumpf zu hören. Die gesamte Crew schreckte auf, auch Sven, der eigentlich zur Wache eingeteilt und im Führerhäuschen eingenickt war. Metall knirschte bedrohlich und der Kutter nahm eine ungewohnte Schieflage ein.

»Was ist los?«

»Verdammt, wir sinken!«

»Halleluja!«

»Sind wir irgendwo gegengestoßen?«

Sie sprangen aus den Kojen und versammelten sich aufgeregt bei dem Wachhabenden auf der Brücke. Bloß Elvis ließ sich von all der Aufregung nicht beeindrucken. Sie blieb einfach liegen, drehte sich um und schnarchte weiter.

»Offenbar sind wir auf ein Riff gelaufen«, stellte Günther fest.

»Tja, was kann man da tun?« Sven sah aus, als habe er ein schlechtes Gewissen.

»Ganz einfach, volle Kraft zurück und runter von dem Teil.« Günther startete die Maschine und versuchte die ›Königin der Meere‹

von dem Felsen zu kriegen. Der alte Dieselmotor brüllte auf und das Boot vibrierte. Kreischend rutschte der alte Kutter von dem Felsen. Merle, Sven und Jesus riefen erleichtert: »Hurra, du hast es geschafft!« Und: »Halleluja!« Günther drosselte den Motor und eine wohltuende Ruhe kehrte ein. Allerdings nur für einen kurzen Moment. Elvis quiekte, als habe jemand versucht, sie abzustechen und flüchtete an Deck. Sie war klatschnass.

Jesus tröstete das verschreckte Tier und Merle eilte in die Kabine, um zu sehen, was dort los war. Aus mehreren Löchern schossen Wasserfontänen hinein. Am Wasserspiegel im Bootsinneren konnte Merle erkennen, dass die ›Königin der Meere‹ wieder gefährlich schief lag. Geistesgegenwärtig raffte sie eilig ein paar Vorräte zusammen und stürmte nach oben zu den anderen. »Wir sinken!«, rief sie und zog an dem Tau das Beiboot heran. »Jesus, Elvis, hopp hopp, ins Boot!«

»Ach, ich mag eigentlich nicht«, meinte Jesus.

»Halt die Klappe und steig ein!« Günther und Sven befahl sie: »Und ihr zwei holt das Trinkwasser von unten, aber zackig!«

Kurz darauf saß die gesamte Crew in dem kleinen Holzboot und schaute der ›Königin der Meere‹ dabei zu, wie sie versank.

Das Gelobte Land

Aus irgendeinem Grund hatten sie keine Ruder dabei. So dümpelte das Boot tagelang hilflos und verloren auf dem Meer herum. Zum Glück herrschte Flaute und die See lag spiegelglatt und friedlich da. »Plong«, machte es, als eine herumtreibende Bierflasche mit Bügelverschluss gegen den Holzbug stieß. Niemand interessierte sich dafür. Sven kraulte Elvis die Borsten. Beide hörten gelangweilt zu, wie Jesus ihnen predigte. Was hätten sie sonst tun sollen? Der Spinner hatte sich durchgesetzt und laberte beinahe ununterbrochen. »Wahrlich, ich sage euch«, sprach er feierlich und hob die Arme, »auch wenn ihr hungert und dürstet, fürchtet euch nicht.«

»Kannst du mal fünf Minuten die Klappe halten?« Merle saß auf der Ruderbank hinter Sven und Elvis. »Du nervst!«

»Wahrhaftig, ich sage euch, wenn die Zeit reif ist, werden wir das Gelobte Land erblicken.«

Günther lag auf dem Rücken und schnarchte.

»Und es wird ein Jubel ausbrechen und alles wird gut werden.«

»Ich habe Hunger«, quengelte Sven.

»Wir werden uns an den Früchten der Natur laben und unsere Kehlen erfrischen.«

»Und Durst hab ich auch.«

Günther rappelte sich auf, streckte sich und stellte klar: »Wir müssen mit unseren Vorräten sparsam umgehen. Für heute hatte jeder seine Ration.«

»Sieh an«, begrüßte Merle ihn, »wachst du auch mal wieder auf. Wie kann man nur so viel schlafen? Und das in unserer Situation.«

Günther gähnte. »Das war früher auch schon so. Stress macht mich eben einfach müde. Wenn ich gestresst bin, döse ich weg. Deswegen habe ich damals meinen Job an den Nagel gehängt und mich auf die Apfelplantage zurückgezogen.« Er legte sich wieder auf den Rücken, murmelte: »Das nennt man Narkolepsie«, und fing erneut an zu schnarchen.

Die Zeit kroch zäh und endlos langweilig dahin und es war kein Land in Sicht.

»Wohlan, meine liebe Schwester«, sprach Jesus und lächelte sie huldvoll an. »Dein Herz ist schwer von Kummer und Plage. Siehe die Vögel am Himmelszelt. Sorgen sie sich um das, was morgen sein wird? Nein, sie sorgen sich nicht, denn sie wissen …«

»Ach Jesus, du redest und redest und weißt doch nicht, was du sagst. Natürlich habe ich Kummer. Wir sind schiffbrüchig, die Vorräte sind beinahe aufgebraucht und weit und breit ist keine Rettung in Sicht.«

Jesus lächelte huldvoll. »Und das betrübt dich?«

»Allerdings!«

»Nun denn.« Jesus stand auf, dabei geriet das Boot gefährlich ins Schaukeln. »So will ich denn gehen.«

»Was?«, fragte Merle entsetzt.

»Was?«, fragte auch Sven.

Günther fragte nichts. Er schnarchte einfach weiter.

»Ich werde über die Fluten wandeln und euch ins Gelobte Land führen.« Er setzte sich auf die Bootswand und schwenkte erst das eine, dann das andere Bein über die Reling.

Als er ansetzte aufzustehen und sich auf die spiegelblanke Wasserfläche zu stellen, griff Sven ihn an dem Bettlaken, dass er schon seit geraumer Zeit als Gewand trug, und riss ihn recht brutal zurück ins Boot. »Einen Scheiß wirst du tun! Merle wird traurig, wenn du absäufst, du blöder Idiot!«

Jesus fiel zu Boden und stieß sich den Hinterkopf. Kurz richtete er sich auf, schaute mit einem glasigen Blick in eine fremde Welt, die außer ihm niemand sehen konnte, und kippte ohnmächtig nach hinten weg.

»Super Leistung, Sven, jetzt ist er nicht ertrunken, aber dafür hast du ihn erschlagen!«

»Aber, ich wollte doch …«

»Was macht ihr denn schon wieder für einen Radau?«

Merle war über Elvis hinweg zu Jesus gesprungen, um ihm beizustehen und seine Hand zu halten. Darüber hatte sich das Schwein fürchterlich erschreckt und rannte quiekend auf die andere Seite des Bootes. Der Holzkahn geriet erneut dramatisch ins Schaukeln.

»Ich mache keinen Radau. Habe bloß dem Irren das Leben gerettet!«, rief Sven beleidigt.

»Und wer soll bei dem Gewackel und Geschrei schlafen können?«

»Dann haben wir dich wohl von deiner Narkolepsie geheilt«, meinte Merle spöttisch.

Doch Günther hatte sich bereits wieder umgedreht und schnarchte weiter. Jesus hingegen erwachte aus seiner Ohnmacht. Er öffnete die Augen, richtete den Oberkörper auf und blickte in die Ferne.

»Hey, na, wie geht es dir?«

»Ich sehe das Gelobte Land.«

»Ja ja, aber wie geht es dir?«

»Alles wieder gut, würde ich sagen«, mischte Sven sich ein.

»Wahrlich, hört auf meine Worte, ich sehe das Gelobte Land. Wir werden uns an den Früchten der Natur laben und unsere Kehlen erfrischen. Es wird ein Jauchzen sein und ein Jubilieren.«

»Alles wie gehabt, würde ich sagen. Er spinnt wie eh und je.«

»Ja, scheint ganz so.« Irgendwie war Merle enttäuscht und wusste nicht wieso. Sie stand auf, um zu ihrem Sitzplatz zurückzukehren. Nachdem sie wankend ihren Platz erreicht hatte, ließ sie sich auf die Ruderbank fallen und als sie über Sven und Jesus hinweg in die Ferne blickte, sah sie es.

»Jesus hat recht.«

»Was?«

»Dahinten ist Land!«

»Sag ich doch«, meinte Jesus und ergänzte der Form halber: »Halleluja!«

Und er behielt auch in einem anderen Punkt recht: Merle und Sven jauchzten und jubilierten. So laut und fröhlich, dass Elvis grunzend mit einfiel. Davon wachte Günther auf. Schnell begriff er, warum alle so jubelten. Sie fingen an, einen kleinen Freudentanz aufzuführen, doch da das kleine Boot erneut anfing, darüber bedrohlich zu schaukeln, beherrschten sie sich und setzten sich ruhig auf ihre Hintern.

»Jetzt müssen wir nur noch da hinkommen.« Merle sah nachdenklich zum Landstreifen.

»Zum Schwimmen ist es zu weit.«

»Ich könnte hinüberwandeln und das Boot hinter mir herziehen.«

»Schnauze Jesus!«

»Ich weiß, wie wir es machen. Wir nehmen die Sitzbänke.« Merle stand auf und zerrte an dem Brett, auf dem sie gerade gesessen hatte. »Die benutzen wir als Paddel!«, erklärte sie keuchend.

»Oder ich gehe zu Fuß – hinweg über die Fluten!«

Niemand achtete auf Jesus. Merle, Sven und Günther ruckelten hektisch an ihren Sitzen und Elvis grunzte fröhlich dazu. Die Sau schien es für ein lustiges Spiel zu halten. Und so ein fröhliches Spielchen nach all den langweiligen Stunden kam ihr ganz gelegen. Sie drückte mit ihrem Specknacken von unten gegen das Brett, an dem Merle sich abmühte. Es knackte und krachte laut und die Ruderbank löste sich aus der Verschraubung. Mit geeinten Kräften brachen sie auch das Brett heraus, auf dem Sven zuvor gesessen hatte. Und tatsächlich ließ sich das kleine Boot mit den primitiven Sitzbank-Ersatz-Rudern langsam in Richtung Küste bewegen.

»Plong«, machte es, als das Boot endlich an einen Felsen im flachen Wasser stieß.

Die Schiffbrüchigen patschten durch das kalte, knietiefe Wasser ans Ufer. Sie fanden nicht den erhofften schneeweißen Sandstrand vor, sondern groben Kies, der mit riesigen Granitbrocken durchsetzt war. Die Hauptsache war jedoch, dass sie endlich wieder festen Boden unter den Füßen spürten.

»Vielleicht sollten wir uns ein paar Kokosnüsse oder sowas in der Art suchen«, meinte Sven nach dem ersten Freudentaumel. »Ich habe echt Hunger.«

Kokospalmen waren aber leider nirgends zu sehen. Stattdessen befand sich unweit vom Ufer ein Kiefernwald. Dort wuchsen zur Freude unserer Helden nicht nur Bäume, sondern auch Blaubeeren. Von Mückenschwärmen belästigt, stapften Merle, Sven und Günther glücklich durch das Blaubeerkraut und schoben sich ununterbrochen die kleinen süßen Früchte in die Münder. Elvis wühlte lieber den Waldboden auf. Sie hatte dort äußerst wohlschmeckende und sättigende Wurzeln entdeckt.

Günther stieß bei der Blaubeerernte zufällig auf eine Felsspalte im Wald, der ein munteres Bächlein entsprang. Nachdem Jesus die Quelle gesegnet hatte, war das frische, kühle Wasser sehr gut trinkbar. Alle waren sich einig, dass es ausgesprochen köstlich schmeckte. Auf einer Lichtung ganz in der Nähe wuchsen wilde Erdbeeren. Die waren zwar winzig klein, aber ungeheuer lecker.

»Eine Karibikinsel habe ich mir irgendwie anders vorgestellt.«

Merle schob sich eine weitere Handvoll Beeren in den Mund und erschlug eine der zahllosen Stechmücken auf ihrer Stirn. Dabei hinterließ sie ein rotblaues Mal.

Gegen Abend zogen sie das Boot auf das Land. Nachdem sie es mit dem Kiel nach oben gedreht hatten, bot es ihnen eine Art Hütte für die Nacht.

Blaubeeren und Stechmücken

Das Frühstück fiel ziemlich dürftig aus. Jeder hatte eine große Schüssel Blaubeeren vor sich stehen. Dazu gab es Wilderdbeeren und pappiges, mit ranziger Butter bestrichenes Brot. Und Sven verteilte dünnen Kaffee, den er gerade auf dem kleinen Gaskocher zubereitet hatte.

»So Leute, das ist der letzte Rest. Mehr Kaffee haben wir nicht.«

»Wie sieht es überhaupt mit den Vorräten aus?«

»Naja, Blaubeeren und Frischwasser können wir uns ja aus dem Wald holen. Ansonsten haben wir drei Dosen Spargelcremesuppe, aber leider keinen Dosenöffner, etwas Brot, Butter und vier Flaschen Whiskey.«

»Finger weg von dem Whiskey! Der gehört Elvis!«

»Hare Krishna, hare Krishna, hare hare«, sang Jesus fröhlich und sehr laut dazwischen.

»Nanu«, staunte Sven, »hat er einen neuen Text? Wo hat er den denn her?«

»Nun lenk nicht vom Thema ab, der Whiskey gehört dem Schwein und sonst niemandem, basta!«

»Bleib ruhig, Günther, keiner will Elvis irgendetwas wegnehmen«, versuchte Merle ihn zu beruhigen.

»Krishna Krishna, hare hare.«

»Dann ist ja gut«, brummelte Günther und beugte sich über die Blaubeeren.

Elvis hatte ihre Ration ziemlich rasch verschlungen. Gierig schaute sie zu Jesus. Der lächelte sie freundlich an und reichte ihr seine Schüssel und das angebissene Butterbrot. Das rührte Merle ungemein. Sie wurde richtig sentimental. Der gute Jesus, ihr lieber Bruder! Er war zwar völlig verrückt, doch schlug ein Herz aus purem Gold in seiner Brust. Zu jedem war er nett und freundlich. Immer, ohne Ausnahme. Gab dem Schwein seine komplette Mahlzeit, obwohl er doch hungrig sein musste. Merle reichte Jesus ihre eigene Scheibe Brot. Als er sich im Boot den Kopf gestoßen hatte, war in ihr kurz die Hoffnung aufgekommen, er könne durch den Schlag auf den Schädel wieder ›normal‹ werden. Doch nun war sie sicher: Er war, so wie er war, genau richtig. Ihr verrückter, guter Bruder. Sie selbst war auch nicht mehr die gleiche wie damals, als sie Kinder waren. Menschen veränderten sich eben, und das war gut so.

Auch die alte Elvis hatte sich verändert. Sie war schlanker geworden. Und nicht mehr so träge wie früher. Wie viel Zeit war doch vergangen, seit Günther mit dem humpelnden Schwein in den Betrieb gekommen war. Ihr Blick glitt zu ihm. Günther, der komische Amerikaner mit seiner Gitarre und dem Schweinetick. Nun hatte er den Kopf zurückgelehnt und schnarchte mit offenem Blaubeermund. Im Grunde war er kein bisschen weniger verrückt als Jesus. Diese Affenliebe, die ihn mit der alten Sau verband, war wirklich ungewöhnlich. Jedenfalls hatte er Merle all die Jahre zur Seite gestanden. Was konnte der Kerl ackern und mit anpacken! Und die Erträge seiner Apfelplantage hatte er beinahe vollständig in die ehemalige Schweinemastanlage investiert. Ja, Günther war ein guter Mensch. Und ein echter Freund. In der letzten Zeit war er etwas aufbrausend und übellaunig, doch das konnte sie gut verstehen. Immerhin waren sie alle in einer extremen Situation.

Und dann war da noch Sven, der Mann ohne Schmerzen. Obwohl sie ihn ja schon seit vielen Jahren kannte, wusste sie nicht besonders viel über diesen Freund. Sie hatte keine Ahnung, warum ihm an der rechten Hand zwei Finger fehlten. Und wieso er genau wie Elvis hinkte, hatte er ihr auch nie erzählt. Sven war ein grober Kerl und oft nicht besonders freundlich. Dabei war er kein übler Typ. Immerhin hatte er sich um Jesus gekümmert, als Merle noch gar nicht ahnte, dass dieser völlig verrückt geworden war. Er hatte für ihren Bruder gesorgt, als der es am nötigsten brauchte. Das wollte Merle ihm niemals vergessen. Doch es war nicht bloß Dankbarkeit, die sie Sven in diesem Moment entgegenbrachte. Er war über all die Jahre hinweg zu einem liebgewordenen Menschen, zu einem wahren Freund, herangewachsen. Mehr als das, er war jemand, mit dem sie sich auf eine sanfte und vertrauensvolle Art verbunden fühlte. Ihr wurde es ganz warm ums Herz.

Als Merle Sven beim Frühstück anlächelte, kreuzten sich ihre Blicke. Sven fiel vor Schreck die Kaffeetasse aus der Hand und er fühlte sein Gesicht rot werden. Verlegen sah er auf den Boden, hob wieder den Blick und schaute kurz das wunderbare Merle-Lächeln an. Wow! Lange konnte er es nicht aushalten, sah hierhin und dorthin, entdeckte schließlich, dass der kleine Kocher, auf dem er eben den letzten Kaffee zubereitet hatte, noch immer brannte. Hektisch sprang er auf, um das Gas abzudrehen. Dabei stieß er das Gerät um. Die blaue Flamme setzte ein paar mickrige Gräser in Brand. Ohne darüber nachzudenken, erstickte Sven das aufkommende Feuer mit seiner bloßen Hand.

Wow, was für ein Held!, dachte Merle, ohne die Worte auszusprechen.

Sven brüllte: »Aua!« Nie zuvor hatte er Ähnliches gespürt. »Auaua! Boooaaah, Hölle, tut das weh!« Sven pustete auf die versengte Hand, dann wedelte er mit ihr in der Luft herum. »Teufel auch! Sind das Schmerzen!« Er hüpfte auf und nieder. »Oioioioioi, das geht durch und durch!«

»Komm zu mir, mein lieber Bruder, ich werde dir die Hand auflegen.«

»Eieiei, es zerreißt mich!«

»Was ist das denn schon wieder für ein Radau hier?«

Merle holte Brandsalbe aus dem Erste-Hilfe-Kasten und versorgte die Wunde. Augenblicklich ging es Sven wieder besser. Er schniefte nur einmal kurz, als Merle ihm den Verband anlegte. Dann grinste er selig und meinte: »So fühlt es sich also an. Endlich verstehe ich, warum die Leute sich bei jedem Wehwehchen so anstellen.« Sein Grinsen verwandelte sich in ein warmes Lächeln, das Merle verliebt erwiderte.

Den Vormittag über sammelten sie Blaubeeren und Brennholz. Merle hatte den anderen vorgeschlagen, ein großes Signalfeuer zu errichten. Denn sie hatte nicht vor, für immer auf der Insel zu bleiben.

Zum Mittagessen gab es Blaubeeren und ein paar von den komischen Baumwurzeln, die Elvis so lecker fand, aber sonst niemand mochte. Dazu tranken sie klares Quellwasser.

Am Nachmittag zogen Günther und Jesus los, die Insel zu erforschen. Sie hofften, auf eine menschliche Behausung zu stoßen. Oder auf etwas, was ihnen irgendwie weiterhelfen konnte.

Merle, Sven und Elvis blieben am Lager. Sie wollten für das Abendessen Blaubeeren sammeln. Und weiteres Brennholz. Am Signalfeuer, da waren sich alle einig, konnten sie nicht sparen. Es sollte riesig ausfallen, damit es schon von weitem zu sehen war.

Sven hatte sich nach dem Zwischenfall beim Frühstück verändert. Wenn er auf ein Steinchen trat, wenn ihn ein Zweiglein beim Blaubeerenpflücken kratzte, wann immer er den kleinsten Anlass hatte, jammerte er: »Autsch, das hat jetzt aber weh getan.« Oder: »Eieiei, das schmerzt.« Leider gab es im Wald gigantische Mückenschwärme. Sven ließ keinen Stich unkommentiert. Merle hätte davon genervt sein können. War sie aber nicht. Sie hatte das Gefühl, er sei bloß in der Lage, Schmerz zu spüren, weil sie ihn angelächelt hatte. Liebe und Zuneigung, das war er einfach nicht gewohnt. Es war, als habe sie ihn aus einem tiefen Dornröschenschlaf erweckt. Sie hatte Verständnis für seine neue Feinfühligkeit. Immerhin hatte er heute überhaupt zum ersten Mal im Leben Schmerz verspürt. Da durfte er es ruhig mal ein bisschen auskosten. Und das tat er. Nach jedem »Aua« huschte ein seliges Lächeln über sein Gesicht. Und nach jedem Lächeln war Merle noch ein bisschen verliebter.

Nachdem sie genügend Beeren und Holz gesammelt und ins Lager gebracht hatten, bummelten sie an der Felsküste entlang und hielten sich dabei an den Händen. Nach dem romantischen Spaziergang kehrten sie ins Lager zurück. Zur gleichen Zeit kamen Günther und Jesus dort an.

»Auf der ganzen Insel ist vor uns noch niemals ein Mensch gewesen. Wir haben jeden Zentimeter abgesucht. Hier gibt es nur Blaubeeren, Bäume, Mücken und noch mal Blaubeeren. Sonst nichts.«

»Und Mücken«, ergänzte Jesus mit einem seligen Lächeln.

Am Lagerfeuer nahmen sie das Abendessen ein.

»Eine Karibikinsel habe ich mir irgendwie anders vorgestellt.« Merle schob sich ein paar Blaubeeren in den Mund.

»Vielleicht ist unser Navigator doch nicht so ein toller Hecht, wie du neuerdings zu glauben scheinst. Wer weiß, wo uns der Typ hingeführt hat.«

»Das tut mir doch auch weh, wenn du so redest. Damit verletzt du meine Gefühle.« Sven schluchzte auf. »Vielleicht habe ich beim alten Kröger nicht immer genau zugehört, vielleicht habe ich mich mal vertan und bin einmal nach links statt nach rechts abgebogen. Das kann doch mal passieren.«

»Klar, das kann jedem passieren. Bloß nicht jemandem, der sich für einen großen Navigator hält!«

»Jedenfalls ist es nicht meine Schuld, wenn jemand, der sich für einen Steuermann hält, auf ein doofes Riff fährt.«

»Ach, daran soll ich schuld sein? Wer hat uns denn den ollen Pott besorgt, der absäuft, wenn er bloß einen kleinen Kratzer bekommt?«

»Guten Abend, die Herrschaften. Mein Name ist Oskar und es wäre mir eine Freude, Sie zum Abendessen einzuladen.« Ein Fremder war unerwartet in den Lichtschein des Feuers getreten.

Günther suchte noch nach einer weiteren Beschimpfung für Sven, doch allmählich sickerte zu ihm durch, was der Neuankömmling gesagt hatte. Insbesondere das schöne Wort ›Abendessen‹ hatte es ihm angetan. Auch die anderen begriffen langsam, welche Wendung die

Geschichte nun nehmen könnte. Aber niemand sagte etwas. Zu groß war die Überraschung. Günthers mutmaßliche Stress-Narkolepsie setzte hinterhältig dazu an, sich erneut ins Geschehen einzubringen, da brach der Fremde das Schweigen und wiederholte: »Also, wie gesagt, mein Name ist Oskar. Oskar Andersson und es wäre mir eine Freude, Sie alle als meine Gäste begrüßen zu dürfen.«

»Da wollen wir uns nicht lange bitten lassen. Wir kommen gern. Was gibt es denn? Doch wohl hoffentlich keine Blaubeeren?« Günther hatte sich noch nie so hungrig gefühlt, wie in diesem Moment.

»Nun mein lieber Freund, ich hatte für heute keine Gäste erwartet, aber es sind noch ein paar Scheiben vom Elchbraten im Tiefkühler. Dazu kann ich Preiselbeeren anbieten und Schmorkartoffeln.«

Günther lief Sabber aus den Mundwinkeln.

»Nun, denn«, meinte Oskar, »wenn Sie einverstanden sind, bereite ich alles vor und hole Sie in eineinhalb Stunden hier ab.«

»Ich möchte nicht unhöflich sein«, meldete sich Merle zu Wort, »es ist alles sehr freundlich von Ihnen, aber wir sind Vegetarier.«

»Spinnst du? Nie und nimmer!«

»In Demut und Dankbarkeit will ich annehmen, was mir dargereicht wird.«

»Aber wir zwei, wir sind Vegetarier, nicht wahr Sven?«

»Äh, naja, wie man es nimmt, ich meine …«

»Was heißt das, werte Dame?«, fragte Oskar. »Heißt das, Sie essen kein Fleisch? Nicht einmal Elch? Nicht einmal Hühnchen?«

»Nein, ich esse keine Tiere.«

Oskar kratzte sich am Kopf und sah etwas ratlos aus. »Und wie ist es mit Wurst?«

»Auch nicht.«

»Auch keine Eier, keinen Käse?«

»Damit habe ich kein Problem. Ich esse bloß keine toten Tiere.«

»Na, wenn das so ist …« Oskar wirkte erleichtert. »Ich habe auch Brot und Käse im Haus, Zimtschnecken und Käsekuchen. Und einen Salat werde ich auch noch zusammenkriegen.«

Oskar

Es wurde ein fantastisches Festmahl in einer beeindruckenden Villa. Sie saßen an einem langen Tisch aus massiver Eiche. Der große und doch gemütliche Raum wurde durch einen offenen Kamin erwärmt. Auf dem Boden davor lag ein Bärenfell. Da es draußen trotz der späten Stunde noch hell war, konnten sie durch die Glasfront in einem parkähnlichen Garten einen Pool und ein paar Marmorfiguren herumstehen sehen.

Oskar tischte den erwähnten Elchbraten und die Schmorkartoffeln auf. Kleine Fleischbällchen, die die Schiffbrüchigen aus einem bekannten schwedischen Möbelhaus bereits kannten, standen ebenfalls bereit. Daneben gab es eine vegetarische auf Soja basierende Variante der gebratenen Bällchen. Zu den Fleischgerichten gab es Preiselbeermarmelade. Außerdem war der Tisch mit knallroten Flusskrebsen, Rührei ohne Speck, knackigem Knäckebrot und einer gigantischen Käseplatte beladen. Zu trinken gab es wahlweise Bier, weißen oder roten Wein, verschiedene Limonaden und starken Kaffee. Nicht so eine labberige Plörre wie die, die sie noch am Morgen getrunken hatten.

»Und das alles hast du in nur eineinhalb Stunden zubereitet?«, fragte Merle erstaunt und hielt sich den inzwischen prall gefüllten Bauch.

»Nicht ganz. Einen Teil habe ich mir einfach liefern lassen. Wer möchte noch ein Schnäpschen als Absacker?«

Elvis, die satt und zufrieden auf einem Bärenfell vor dem offenen Kamin lag, erhob sich mit einem freudigen Grunzen.

»Du hast es liefern lassen? Wie das?«

»Kein Problem. Mit dem Schnellboot ist es nur eine Viertelstunde bis nach Stockholm. Und dort besitze ich ein kleines Restaurant.«

Sven schluckte den Rest eines Sojabällchens herunter und stellte fest: »Aber Stockholm liegt, soviel ich weiß, nicht einmal ansatzweise in der Nähe von den Bahamas.«

Oskar lachte. »Na, du bist mir ein Scherzkeks.«

Da stupste Elvis den Gastgeber an.

»Na, Schweinchen, was möchtest du?«

»Du hast gerade etwas von einem Schnäpschen gesagt. Da ist Elvis ganz scharf drauf«, erklärte Günther.

»Ihr seid wirklich ein lustiges Grüppchen, wisst ihr das?« Oskar stand auf, öffnete ein antikes Schränkchen und holte eine Flasche und ein paar Schnapsgläser.

»Diesen Aquavit hat mir ein Geschäftspartner geschenkt. Der ist bestimmt nicht übel.«

»Es ist bestimmt sehr gut«, sagte Günther, »aber leider mag das Schwein bloß Whiskey, Single-Malt-Whiskey.«

Oskar lachte wieder. »Wirklich ein lustiges Grüppchen. Also der gute Single-Malt soll es sein.« Er ging wieder zum Schränkchen und holte das Gewünschte.

»Wie kommt es eigentlich«, wandte Merle sich an Günther, »dass ihr Oskars Villa nicht entdeckt habt? Sie ist doch gar nicht weit von unserem Lager entfernt. Und auch nicht besonders versteckt.«

Günther zuckte mit den Schultern und murmelte: »Tja, da haben wir wohl nicht richtig hingeguckt.«

»Und der Bootsanleger für das Schnellboot? Habt ihr da auch nicht richtig hingeguckt?«

»Scheint so«, brummelte er verlegen. »Hey Oskar«, lenkte er mit lauter Stimme ab, »womit finanzierst du eigentlich diese Bude. Wirft dein Lokal in Stockholm so viel Geld ab?«

»Nein, das ist mehr so eine Art Hobby. Das betreibe ich bloß nebenbei. Ich zeige euch, womit ich Geld verdiene. Ich meine: womit ich *wirklich* Geld verdiene.« Oskar grinste und holte ein Kästchen aus dem Schrank, in dem er auch den Whiskey aufbewahrte. Kurz wühlte er in dem Karton herum und zog ein rundes Gummiteil hervor.

»Was ist das?«

Statt zu antworten, blies Oskar Luft durch eine Öffnung in das Ding, stand auf und schob es unter das Polster auf seinen Stuhl. Feierlich blickte er in die Runde und setzte sich. Ein lautes Furzgeräusch ertönte und Oskar fing an zu kichern. »Ein Pupskissen. Ist immer wieder lustig.«

Da außer dem Gastgeber niemand lachte, erklärte er: »Dieses Produkt ist eher für eine jüngere Zielgruppe gedacht. Die Menschen amüsieren sich eben über unterschiedliche Dinge. Ich finde das Teil witzig, auch wenn ich eigentlich zu alt dafür bin.«

»Und damit verdienst du Geld?« Merle staunte.

»Eine ganze Menge. Das ist ein Spitzen-Seller.«

»Was hast du denn noch in dem Kasten?«, fragte Sven.

»Das hier hatte ich eigentlich für den deutschen Markt konzipiert.« Er zog ein Hitler-Bärtchen hervor und pappte es sich unter die Nase. »Allerdings habe ich in Deutschland höchstens zwanzig Stück verkauft. Und ich befürchte, die Käufer haben nicht einmal begriffen, dass es sich um einen Scherzartikel handelt. In Großbritannien gingen die Dinger tausendfach über die Ladentische.«

»Worüber lachen denn die Deutschen?«

»Kann ich nicht genau sagen. Jedenfalls mögen sie es deftig. Wie die Menschen überall auf der Welt lachen sie am liebsten über Genitalien.«

Er legte einen Plastikpenis auf den Tisch und drückte auf einen Knopf. Schnarrend wackelte und zuckte das Geschlechtsteil über die glatte Tischplatte und quäkte: »Pimmelalarm! Pimmelalarm!«

»Das ist doch nicht lustig.«

»Wenn man erst einmal ein paar Maß Bier intus hat, ist das sogar sehr lustig. Vorher allerdings nicht.«

Merle runzelte die Stirn. »Bitte nimm es mir nicht übel, Oskar, aber mir wäre nicht wohl dabei, einen solchen Mist unter die Leute zu bringen.«

»Wieso Mist? Es bringt die Menschen zum Lachen. Mir ist lieber, sie haben Freude an irgendeinem Blödsinn, als dass sie sich gegenseitig umbringen.«

»Wieso umbringen? Wie kommst du jetzt da drauf?«

»Bevor ich Scherzartikel herstellte, habe ich Bomben und Raketen produziert. Alles Mögliche an Waffen: Schnellfeuergewehre, Handgranaten, Flammenwerfer. Aber hauptsächlich Bomben und Raketen.«

»Jetzt bin ich aber wirklich überrascht. Wie kommst du dazu? Du bist doch ein netter Kerl. Wenn du auch einen etwas merkwürdigen Sinn für Humor hast.«

»Und beinahe ebenso interessant ist die Frage«, mischte Günther sich ein, »wieso hast du das Waffengeschäft aufgegeben? Hat es sich nicht mehr gelohnt?«

Und da erzählte ihnen der Gastgeber seine Lebensgeschichte.

Oskar Andersson war in einem kleinen Dorf ein paar Kilometer nördlich vom Vänern, einem großen See in Schweden, aufgewachsen. Möglicherweise war die Bezeichnung »Dorf« ein wenig zu hoch gegriffen. Es waren lediglich zwei Höfe an einem Schotterweg, der eigentlich nirgendwohin führte. Der größere der beiden hieß der »Andersson-Hof«. Dort lebte Oskar mit seinen Eltern. Der kleinere war der »Karlsson-Hof«. Als Kind besuchte Oskar oft den alten Karlsson, der mit einem ständig pupsenden Ackergaul und fünf Hühnern zusammenwohnte. Die Hennen legten schon lange keine Eier mehr, doch Karlsson fand sie irgendwie nett und ließ sie deswegen am Leben. Oskars Vater glaubte, dass sein Nachbar verrückt war. Bald kam er zu der Überzeugung, dass der Alte außerdem gemeingefährlich war. Als Oskar zwölf Jahre alt wurde, entdeckte Karlsson eine neue Leidenschaft: den Sprengstoff.

Ursprünglich wollte er nur ein paar Findlinge loswerden, die den Platz für sein neues Plumpsklo blockierten. Zwar wäre es auch möglich gewesen, das Stille Örtchen ein paar Meter versetzt aufzubauen, doch gerade an dieser Stelle konnte Karlsson bei offener Tür den Sonnenaufgang betrachten. Und das, während er sich erleichterte. Also mussten die Felsbrocken verschwinden. Kurzentschlossen besorgte er sich aus der Stadt ein paar Stangen Dynamit. Nachdem er sie angebracht hatte, fiel ihm ein, dass der kleine Oskar von nebenan vielleicht Freude an dem Spektakel haben könnte. Er pfiff auf zwei Fingern und kurz darauf kam der Knabe angetrabt.

»Halt dir die Ohren zu«, riet Karlsson. »Es wird mächtig laut!«

Der Alte hatte recht. Es gab einen gewaltigen Rumms. Und was für einen! Die Fensterscheiben klirrten, der Boden vibrierte, drei der fünf Hühner fielen vor Schreck tot um. Der alte Ackergaul ließ sich allerdings von dem Knall kaum beeindrucken. Nur kurz schaute er auf und graste gelassen weiter. Möglicherweise war er schon damals etwas schwerhörig. Nach der Explosion herrschte eine unheimliche Stille. Im nächsten Moment jubelte Karlsson: »Holladiho! Welch ein Gedonner! So ein wunderbares Getöse!«

Mutter Andersson fand das Getöse gar nicht wunderbar. »Leute wie du gehören eingesperrt! Du bringst uns eines Tages noch um!«

»Vielleicht habe ich etwas zuviel genommen«, entschuldigte sich Karlsson kleinlaut.

Doch Oskars Mutter hörte ihn nicht mehr. Sie zog ihren Sohn hinter sich her und schwor, dass der Bub niemals wieder einen Fuß auf den Hof des verrückten Nachbarn setzen würde. Doch natürlich ließ sich der Knabe nicht davon abhalten, seinen alten Freund weiterhin zu besuchen. Gemeinsam sprengten die beiden alles Mögliche. Das ausgediente Plumpsklo musste ebenso daran glauben, wie das Klavier, das Karlssons Frau, die bereits viele Jahre zuvor gestorben war, gehört hatte. Da die restlichen Hühner inzwischen ebenfalls dahingeschieden waren, konnten die Freunde nun auch den Hühnerstall in die Luft jagen. Oskar liebte die Sprengerei ebenso wie sein Freund und Lehrmeister. Nach einer Weile hatten sie alles weggeballert, was auf dem Karlsson-Hof zu holen war. Bloß der Pferdestall und das Wohnhaus standen noch da. Wenn auch beinahe ohne Möbelstücke. Karlsson beschloss, dass der pupsende Gaul, der durch die Knallerei inzwischen vollkommen ertaubt war, in das Wohnzimmer ziehen sollte. Auf diese Weise wurde der Stall frei und konnte gesprengt werden.

Eines Tages wollte der Alte nach dem Morgenkaffee eine ausgediente Kommode in die Luft pusten. Nur mal so, um richtig wach zu werden. Leider löste die kleine Kommodenexplosion eine große aus, denn er hatte unglücklicherweise, seine Sprengstoffvorräte im gleichen

Raum aufbewahrt. Karlsson, sein Pferd und das Häuschen verteilten sich mit einem gewaltigen »Rumms!« in der Umgebung.

Im Gegensatz zu seiner besorgten Mutter war Oskar natürlich sehr traurig darüber, seinen besten Freund verloren zu haben.

In den folgenden Jahren wurden die Ruinen und Sprengkrater von Gestrüpp überwuchert, junge Bäume wuchsen dort, wo Karlsson sich der lustvollen Sprengerei hingegeben hatte. Eines Tages war nicht einmal mehr eine Lichtung im Wald zu erkennen. Lediglich auf dem felsigen Hügel, wo der alte Sprenger einst das neue Plumpsklo aufgestellt hatte, um beim Scheißen den Sonnenaufgang betrachten zu können, hatten keine Bäume Wurzeln schlagen können. Stattdessen wurde der blanke Felsen vom Blaubeerkraut und wilden Erdbeeren überwuchert.

Aus dem kleinen Oskar Andersson war inzwischen ein erwachsener Mann geworden. Ein Mann, der sich die Leidenschaft seiner Kindheit bewahrt hatte. Er liebte die Sprengerei. Und er verfeinerte seine Technik. Immer raffinierter, immer ausgeklügelte jagte er Dinge in die Luft. Und er liebte, was er tat. So war es nicht weiter verwunderlich, dass er eines Tages sein Geld damit verdiente. Und zwar eine Menge Geld. Zunächst baute er eine kleine Fabrik für Sprengsätze, praktische Handgranaten und Flammenwerfer. Da die Kundschaft es wünschte, erweiterte er bereits nach einem halben Jahr sein Angebot. Nun vertrieb er auch Kleinkaliber-Raketen und die dazu notwendigen Abschussvorrichtungen. Da er eine hervorragende Qualität zu recht günstigen Preisen anbot, wuchs sein Unternehmen innerhalb weniger Jahre zu einem riesigen Konzern an. Die von ihm hergestellten Bomben und Raketen wurden immer gewaltiger und verheerender. Oskar exportierte seine Bomben und Raketen in die ganze Welt und wurde stinkreich damit. Er hatte ein gutes Leben, fuhr teure Autos, bewohnte großartige Villen und trug seidene Unterhosen. Daran, dass er tausende Menschen mit seinen Bomben umbrachte oder verkrüppelte, daran dachte er nicht. Erst als er selbst dem Tode nahe war, wurde er nachdenklich. Ein bösartiger Tumor hatte sich auf eine unverschämte Weise in seinem Körper breitgemacht und Oskar fürchtete um sein eigenes Leben. An Bomben und Raketen dachte er nicht mehr. Seine Rüstungsfabriken liefen ganz von alleine weiter, während er sich in Stockholm im Karolinska Krankenhaus behandeln ließ. Tatsächlich gelang es den Ärzten, das Krebsgeschwür aus seinem Gewebe zu schnippeln. Oskar war dem Tod noch einmal von der Schippe gesprungen, aber es war verdammt knapp gewesen.

»In einer solchen Situation denkt man noch einmal ganz anders über sein Leben nach, das könnt ihr mir glauben.«

»Wir glauben es«, versicherte Merle.

»Jedenfalls hatte ich keine Freude mehr an der Sprengerei. Man kann sich damit für eine Weile die Zeit vertreiben, doch Bomben und Raketen machen diese Welt zu keinem besseren Ort. Im Gegenteil.«

Merle nickte nachdenklich.

»Ich habe also meine Bombenfabriken dichtgemacht. Alle. Stattdessen produziere ich nun Scherzartikel, denn es ist besser, Lachen in die Welt zu tragen als Tod und Verzweiflung.«

»Halleluja und hurra!«

Pig-Island

In den nächsten Tagen genossen unsere Helden den schwedischen Spätsommer auf der Insel. Merle und Sven gingen viel im Wald und an der Küste spazieren. Dabei pflückten sie keine einzige Blaubeere. Auch wenn es nicht so heiß war, wie vermutlich auf den Bahamas, gingen die beiden manchmal in einer geschützten Bucht schwimmen. Günther spielte Elvis gern etwas auf der Gitarre vor, die Oskar in Stockholm besorgt und ihm geschenkt hatte. Tagsüber schlief er gar nicht mehr ein. Jesus predigte mit nicht endender Leidenschaft. Da er unter seinen Mitreisenden keine geduldigen Zuhörer fand, beglückte er die Kiefern, die überall herumstanden. Jesus war der Meinung, auch die stummen

Gesellen aus Holz sollten an seinen Weisheiten teilhaben. Außerdem konnten sie nicht weglaufen.

Oskar sorgte dafür, dass es seinen Gästen gut ging. Er ließ es ihnen an nichts mangeln.

Natürlich stand auch die Frage im Raum, wie es weitergehen sollte. Doch niemand sprach sie aus. Alle waren froh, die missglückte Seefahrt hinter sich gebracht zu haben und genossen ein paar ruhige Urlaubstage.

»Ich werde für eine Weile verreisen«, verkündete Oskar eines Tages am Frühstückstisch. »Ich muss nach Mexiko.«

»Was willst du denn da?«, fragte Günther überrascht.

»Neue Märkte erschließen. Nachdem der Plastikpimmel in Deutschland so erfolgreich war, möchte ich eine Variante für den mexikanischen Markt konzipieren.«

»Aha.«

»Natürlich reicht es nicht aus, einfach das Sprachmodul neu auszurichten. Bevor ich groß in die Produktion einsteige, muss ich erst herausfinden, worüber die Mexikaner gern lachen.«

»Und dafür fliegst du extra um die halbe Welt?«

»Ich könnte auch die Marketingabteilung damit beauftragen, aber vor größeren Projekten sehe ich mich gern selbst vor Ort um.«

»Verstehe.«

»Natürlich könnt ihr hierbleiben, wenn ihr wollt. Fühlt euch ganz wie zu Hause.«

»Das ist wirklich nett von dir, Oskar«, meinte Merle, »aber eigentlich ist das für uns ein guter Anlass, wieder aufzubrechen.«

»Wie?« Sven machte ein langes Gesicht. »Du willst schon wieder los?«

»Wir sind nicht zum Spaß hier, sondern bloß, weil wir Elvis auf die Bahamas bringen wollten.«

»Ja, da hast du recht«, seufzte Sven.

Günther nickte zustimmend, gab aber zu bedenken: »Aber wie sollen wir dahin kommen. Das Boot ist hinüber.«

»Na, wenn es weiter nichts ist, ich kann euch gern mitnehmen. Die Bahamas liegen fast auf meinem Weg.«

Merle bekam einen verträumten Blick. »Das wäre wunderbar.«

»Kein Problem. Ihr könnt bei mir mitfliegen.«

»Das geht leider nicht. Wir haben kein tierärztliches Gesundheitszeugnis für Elvis. Und auch keine Impfbescheinigung. Und schon gar keine Flugbescheinigung für Nutzvieh. Wir haben nichts dergleichen.«

Oskar lachte. »Das ist mein eigener Flieger. Ich kann mitnehmen, wen ich will. Mensch oder Schwein, das spielt keine Rolle.«

Die Reisetaschen waren schnell gepackt und so saßen sie bald in Oskars Schnellboot auf dem Weg nach Stockholm. Diesmal hatte Elvis keine Probleme damit gehabt, über die Gangway zu gehen. Offensichtlich wirkte der flotte Flitzer vertrauenswürdiger auf das Tier, als es die ›Königin der Meere‹ getan hatte. Vom Jachthafen fuhren sie mit zwei Taxen zum Flugplatz. Oskar musste dem Fahrer einige zusätzliche Geldscheine zustecken, damit er sich bereiterklärte, auch den tierischen Fahrgast zu akzeptieren.

Beinahe 17 Stunden später verließen Merle, Sven, Jesus, Günther und Elvis in Nassau auf den Bahamas den Flieger.

»In exakt einer Woche bin ich wieder hier. Bis dahin werdet ihr wohl diese witzige Schweinegeschichte erledigt haben. Ich kann euch auf dem Rückweg direkt in Deutschland absetzen«, hatte Oskar ihnen noch gesagt, bevor sie gingen.

Nachdem sie so lange in dem klimatisierten Jet gesessen hatten, traf sie die Hitze wie ein Schlag. Am liebsten hätten sie sich nun irgendwo ein günstiges Hotel gesucht, doch Oskar hatte ihnen Flugtickets für einen kleinen Flieger der Flamingo Airlines besorgt. Sie flogen ohne Pause weiter auf die Insel Staniel Cay. Dort durften sie sich endlich ausruhen. In einem kleinen Hotel, das Oskar für sie organisiert und bezahlt hatte, verbrachten sie die Nacht. Elvis war hier ebenfalls willkommen und Merle vermutete, dass ihr schwedischer Freund dafür eine Extrazahlung hatte leisten müssen.

Beim Frühstück wurden sie am nächsten Morgen von einem Hotelangestellten auf Englisch angesprochen. Günther übersetzte für die anderen: »Er sagt, das Boot stehe am Hafen für uns bereit. Und ein gewisser Mister Jayden würde uns rüber nach Pig-Island fahren. Zur Insel der Schweine.«

»Das wird wohl Oskar für uns arrangiert haben«, meinte Merle.

Sie holten Elvis aus dem Zimmer, denn sie hatten sich nicht getraut, sie mit in den Frühstücksraum zu nehmen, und spazierten zum kleinen Hafen. Dort kam gleich ein Mann auf sie zu. Er trug ein schwarzes T-Shirt, das mit einem Totenkopf verziert war. Aus den grünlich leuchtenden Augenhöhlen des Schädels tropfte Blut und unter ihm stand in roten, triefenden Buchstaben der Name einer Heavy-Metal-Band.

»Hey Guys, I will bring you to the wonderful pig island. Hope you will enjoy the trip.«

Mit einem strahlenden Lächeln und einer Handbewegung lud er sie ein, in ein kleines Holzboot zu steigen. Elvis ließ sich nicht lange bitten und sprang als Erste hinein.

»Nanu, sie scheut ja gar nicht«, wunderte sich Merle.

»Vielleicht spürt sie, dass wir fast am Ziel sind«, überlegte Günther und folgte der Sau.

Als auch Merle, Sven und Jesus im Boot saßen, sprang Mister Jayden ebenfalls hinein und startete den Außenbordmotor. Sie verließen den kleinen Hafen. Der Himmel war unglaublich blau, die Sonne strahlte wie verrückt und das Wasser, das unter ihnen hinwegglitt, war glasklar. Mister Jayden versuchte, das Motorengeräusch zu übertönen. Dabei plapperte er so schnell, dass Günther Mühe hatte, alles zu übersetzen.

»... Pig-Island heißt eigentlich Big Major Cay ... hier leben verwilderte, aber freundliche Hausschweine ... frei und glücklich ... vielleicht konnten sie sich nach einem Schiffbruch auf die Insel retten und ansiedeln ... doch wer kann das genau wissen? ... Passt auf, wenn ihr sie füttert, sie sind gierig und könnten beißen ... aber nur versehentlich ... und da sind wir schon.«

Sie hatten eine winzige Insel mit einem schneeweißen Sandstrand erreicht. Im klaren Wasser dümpelten Holzboote. Sie waren randvoll mit entzückten Touristen beladen und wurden von schwimmenden Schweinen umringt. Die Leute warfen jauchzend Obst und Gemüse ins warme Wasser. Die Tiere balgten sich fröhlich um die besten Bissen. Sie grunzten und quiekten vor Freude. Da zuckte Elvis mit den Ohren. Neugierig schob sie ihre Schnauze über die Reling, nahm Witterung auf und schaute zu ihren Artgenossen. Die planschten und tobten munter herum. Elvis wurde ganz zappelig und begann ebenfalls zu quieken. Einige Touristen sprangen aus den Booten zu den freundlichen Schweinen. Da war Elvis nicht zu halten. Etwas tapsig und behäbig kletterte sie über die Reling und klatschte schwungvoll ins Wasser. Gleich kam eine Gruppe halbzahmer Tiere, die sie freundlich und fröhlich grunzend umringten.

»Halleluja!«

Die Schweine stupsten sich gegenseitig an, beschnupperten sich und schwammen schließlich gemeinsam ans Ufer. Dort suhlten sie sich im schneeweißen, feinen Sand. Satt und zufrieden legten sie sich in den Schatten von Kokospalmen, die ihre Blätter im leichten, warmen Wind sanft hin und her bewegten. Die Touristen folgten ihnen und auch Mister Jayden steuerte das Boot an das Ufer.

Zögernd gingen Günther, Merle, Sven und Jesus zu der Schweinegruppe, der sich Elvis angeschlossen hatte. Sie gehörte scheinbar bereits zur Rotte und nur wer sie so gut kannte, wie ihre langjährigen Freunde, konnte sie von den anderen Tieren unterscheiden.

Die herumlaufenden Touristen spielten mit den jüngeren Schweinen und streichelten die älteren. Günther, Merle und Sven setzten sich zu Elvis und ihren neuen Freunden und sahen ihnen zu, wie sie gemütlich im Sand lagen, ab und an etwas grunzten, furzten oder ein wenig schmatzten, sich anstupsten und offensichtlich sehr zufrieden waren. Jesus stand daneben und hielt den freundlichen Tieren eine besonders schöne Predigt.

Niemand bat ihn, endlich mal die Schnauze zuhalten.

Abschied

Sie ließen Elvis auf der Insel im Schweineparadies. Jeden Tag fuhren sie mit Mister Jayden dorthin und besuchten sie. Es war deutlich zu sehen: Elvis fühlte sich sauwohl. Günther wurde allerdings mit jedem Tag etwas stiller. Und die Lieder, die er seiner Freundin und den anderen Schweinen am Strand vorspielte, wurden immer trauriger.

Am letzten Tag nickte Merle ihm freundlich zu und sagte: »Heute heißt es, Abschied nehmen, morgen holt Oskar uns wieder ab.«

»Vielleicht könnten wir Elvis mit etwas Whiskey locken. Vielleicht kommt sie wieder mit nachhause.«

»Das ist nicht das, was wir wollten, Günther. Elvis gehört hier her. Hier ist sie glücklich.«

»Ja, du hast recht«, seufzte er und Merle konnte sehen, wie seine Augen feucht wurden.

»Wir müssen alle stark sein, Günther. Lass sie einfach hier. Lieben heißt loslassen können. Hier ist sie glücklich. Wir dürfen jetzt nicht egoistisch sein.«

»Ja, du hast recht«, wiederholte er und Merle konnte sehen, wie eine Träne über seine Wange lief. »Elvis gehört hier her.«

Es wurde ein trauriger Nachmittag am sonnigen Strand. Die Touristen fütterten die niedlichen Schweinchen mit Melonen und spielten mit ihnen, Jesus predigte unermüdlich, doch Günther sagte kein Wort. Er hatte nicht einmal Lust, Gitarre zu spielen. Er saß bloß etwas abseits unter einer Palme neben Elvis, kraulte ihr den Nacken und sah stumm und nachdenklich dem Treiben der Touristen zu. Elvis machte keinerlei Anstalten, hinüberzulaufen und sich ebenfalls ein Stück Melone abzuholen. Ungewöhnlich still und ruhig lag sie da und ließ sich kraulen. Als Mister Jayden schließlich zum Aufbruch drängte, bat Günther darum, noch einen Augenblick mit Elvis alleingelassen zu werden. Diskret zogen sich die anderen zurück.

»Tja, meine Liebe, wie es scheint, möchtest du hierbleiben.« Er seufze schwer. »Bei deinen neuen Freunden, hier im Paradies.« Er kramte aus seinem Rucksack eine Flasche Whiskey und ein Schälchen hervor. »Es ist deine Lieblingsmarke.« Günther füllte das Gefäß, hielt es Elvis vor die Schnauze und stellte es in den Sand. »Zum Wohl, meine Liebe, und leb wohl.«

Die Sau schnupperte kurz an dem hervorragenden Single-Malt-Whiskey, schüttelte unwillig ihren Schweinekopf und stupste Günther an. Das war eindeutig eine Aufforderung, ihr den Nacken zu kraulen. Den Whiskey rührte sie nicht an. Eine ganze Weile saßen sie wortlos beieinander, bis Elvis schließlich aufstand und zu ihrer Rotte, zu ihren neuen Freunden, hinüberhumpelte. Auf dem Weg dorthin blieb sie noch einmal kurz stehen und drehte sich Günther um. Fast schien es ihm so, als habe sie ihm zum Abschied zugeblinzelt.

Nach dem Frühstück am folgenden Tag brachte Mister Jayden sie in einem klapprigen Toyota-Pick-up zum kleinen Flugplatz. Eine Sicherheitskontrolle gab es nicht. Auch ansonsten gab es keinerlei Formalitäten. So konnte er direkt auf das Rollfeld fahren und vor einer Maschine der Flamingo Airline anhalten. Sven und Merle, die auf der Ladefläche mitgefahren waren, warfen Mister Jayden und Günther die Reisetaschen zu. Jesus war damit beschäftigt, sicherheitshalber das Propellerflugzeug zu segnen. Das wenige Gepäck war schnell im Flieger verstaut.

Sie wollten gerade einsteigen, als Günther überraschend erklärte: »Ich bleibe hier!«

»Halleluja, mein lieber Bruder, eine weise Entscheidung.«

»Wie?«, fragte Merle überrascht.

»Ich bleibe hier. Ich besorge mir ein Boot und kutschiere Touristen rüber nach Pig-Island. Mister Jayden hat gesagt, davon kann man gut leben. Ich bleibe hier.«

»Halleluja! Ich auch. Hier ist es viel schöner als zu Hause.«

»Das erlaube ich nicht«, stellte Merle klar.

»Aber aber.« Günther grinste. »Lieben heißt loslassen können, schon vergessen? Wenn Jesus hierbleiben möchte, um Elvis und mir Gesellschaft zu leisten, so ist er uns herzlich willkommen.«

Günther und Jesus zogen bei Mister Jayden ein. Der ließ die beiden gern bei sich wohnen, bis sie sich eine andere Bleibe leisten konnten. Und bis Günther genügend Geld für ein eigenes Boot verdient hatte, durfte er sich auch den Kahn von Mister Jayden ausleihen. An jedem Dienstag und Donnerstag brachte Günther Touristen zur Schweineinsel. In der neu gewonnenen Freizeit konnte Mister Jayden nun einfach das tun, was er am liebsten tat. Und am liebsten machte er Ausflüge nach Big Mayor Cay, nach Pig-Island. Praktischweise konnte er bei Günther mitfahren, ohne dafür zu zahlen. Günther hätte sich geschämt, von ihm Fahrgeld zu nehmen. Immerhin fuhren sie in seinem Boot. Es war zwar ungünstig, dass durch Mister Jayden und Jesus zwei Plätze mit nicht-zahlenden Gästen besetzt wurden, doch das nahm Günther hin. Dafür durften Jesus und er bei Mister Jayden kostenlos mitfahren, wenn dieser das Boot nutzte, um seinerseits Touristen zur Insel zu bringen. Mister Jayden hätte sich geschämt, Geld von seinen Freunden zu nehmen. So sparte Günther seinen kleinen Verlust wieder ein, denn natürlich besuchten sie Elvis jeden Tag.

Nach ein paar Monaten hätte Günther sich ein eigenes Boot leisten können. Und auch eine bescheidene Bleibe für Jesus und sich wäre finanzierbar gewesen, doch die drei hatten sich inzwischen so sehr aneinander gewöhnt, dass sie es bei dem Arrangement, das ja eigentlich bloß als Übergangslösung gedacht war, beließen.

Jesus fühlte sich sehr wohl auf den Bahamas. Er lief den ganzen Tag mit seinem Bettlaken bekleidet durch die Gegend und predigte den Leuten. Da die meisten von ihnen kein Wort von dem verstanden, was er erzählte, verlangte auch nie jemand, er solle endlich die Schnauze halten. Stattdessen lächelten alle freundlich und ihm war so, als könnten die Leute hier zwar seine Sprache nicht verstehen, doch was er ihnen an geistiger

Erhabenheit, an Liebe und Frieden mitgeben wollte, das verstanden sie, das konnten sie zwischen seinen Worten hören. Jesus war sicher: Er konnte die Leute in ihren Herzen, tief in ihren Seelen erreichen. Das sah er deutlich in den lächelnden Gesichtern und den strahlenden Augen.

Als Merle und Sven zurück in den Betrieb kamen, fiel ihnen am Eingang gleich ein Kassenhäuschen auf. Der alte Kröger war auf die Idee gekommen, Eintritt von den Besuchern zu verlangen. Eine Idee, die sich wirklich lohnte. Auch wenn sich mit diesen Einahmen bei weitem nicht die alltäglichen Kosten decken ließen. Der Betrieb der ehemaligen Schweinemastanlage war inzwischen mächtig gewachsen. Jede Menge gebrauchter Tiere waren in der Zwischenzeit abgegeben worden. Die Hauptattraktion für zahlende Gäste war ein ziemlich großer Elefant.

»Meine Güte!«, rief Merle überrascht aus. »Wo kommt der denn her?«

»Eines Tages stand er in der Auffahrt. War mit einer Leine angebunden. Wahrscheinlich hat das Schätzchen keine Ahnung, wie stark es ist. Von dem lächerlichen Bindfaden hätte es sich nicht aufhalten lassen brauchen.«

Fasziniert streichelte Merle dem Dickhäuter den Rüssel.

»Der Elefant ist ja gewissermaßen mein Wappentier«, meinte der alte Kröger.

»Wieso?«

»Ich bin doch schon einmal einem begegnet, 1950 in Wuppertal. Das hat damals mein Leben wirklich komplett verändert.«

Das große Tier schnaubte und wedelte freundlich mit den Ohren. Kröger reichte ihm eine Möhre.

(Wo der Elefant, der nun den ehemaligen Schweinestall bewohnte, eigentlich hergekommen war, lässt sich an dieser Stelle nicht erklären, denn das ist eine ganz andere Geschichte.)

Als Merle und die anderen sich auf die lange Reise begeben hatten, konnte der alte Kröger den Betrieb noch eine Weile mit den freiwilligen

Hilfskräften aufrechterhalten. Doch da immer mehr Tiere abgegeben worden waren, sah er sich gezwungen zusätzliche Leute einzustellen. »Daher auch das Kassenhäuschen, irgendwie musste ich Kohle reinkriegen.« Er zuckte mit den Schultern. »Ich habe trotzdem noch ein paar Schulden gemacht. Ging nicht anders.«

Ein wenig wurden die finanziellen Probleme dadurch gemildert, dass Günther Merle vor dem Heimflug seine Apfelplantage geschenkt hatte.

»Nimm sie nur«, hatte er gesagt, »hier in der Karibik kann ich sie ja schlecht gebrauchen.«

Merle schaltete eine Anzeige, um die inzwischen etwas verwahrloste Plantage zu verkaufen. Tatsächlich meldete sich daraufhin ein alter Bekannter: der Eisenstangenmann, der ihnen damals die ›Königin der Meere‹ zu Verfügung gestellt hatte. Etwas kleinlaut erzählte Merle von dem Unfall.

»Tja, das Boot liegt auf dem Meeresgrund und ich kann dir zurzeit leider keine Entschädigung zahlen«, schloss sie den Bericht.

»Schwamm drüber. Hauptsache ist doch, dass niemand zu Schaden gekommen ist.«

Der Eisenstangenmann war offensichtlich prächtig gelaunt. Er wollte seine Arbeit als Hafenmeister an den Nagel hängen. Da kam ihm der Verkauf der Apfelplantage gerade gelegen. Er sei nun nämlich verlobt, erzählte er glücklich. Eine echte Prinzessin habe seine Telefonnummer in einer Flaschenpost gefunden und ihn tatsächlich angerufen. »Als ich ihre glockenklare Stimme hörte, war ich sofort verliebt. Und sie fand mich wohl auch nicht übel. Mindestens zwanzig Kinder wollen wir kriegen. Aber so ein Hafen ist ja wirklich nicht die richtige Umgebung für eine Prinzessin und Kinder. Da ist so ein Obstgarten doch schon besser geeignet, nicht wahr?«

(Strenggenommen war *seine* Prinzessin gar keine ›*wirkliche*‹ Prinzessin, doch für den Eisenstangenmann war sie eine.)

Von dem Geld, das Merle für die Plantage bekam, konnte sie eine Menge der Schulden bezahlen, doch endgültig gelöst wurden ihre

Sorgen erst durch Oskar, dem ehemaligen Bombenbauer. Er hatte eine wohltätige Stiftung gegründet. Die spülte nun von Monat zu Monat einen beachtlichen Geldbetrag in die Kasse.

Was noch geschah

Es war der 5. April 2059. Exakt 65 Jahre waren vergangen, seit Kurt Cobain sich angeblich das Gesicht mit einer Schrotflinte weggepustet hatte, und noch immer erfreute er sich bester Gesundheit. Hin und wieder zwickte es im Kreuz und sehen konnte er auch nicht mehr so gut, doch das war nicht weiter verwunderlich. Immerhin hatte er in diesem Jahr seinen 92. Geburtstag gefeiert. Heute kämpfte sich der alte Mann mit seinem Rollator über den Strand. Die Räder blieben dauernd im Sand stecken. Kurt hob den Rollator keuchend an und schleppte ihn zum feuchten Streifen direkt am Wasser. Hier war der Strand schön fest und gut begehbar. Die Gehhilfe ließ sich nun wunderbar schieben.

Der ehemalige Günther Meierlein hatte schon vor vielen Jahren seinen echten Namen wieder angenommen. Die Leute, die hier auf den Bahamas lebten, konnten ›Günther‹ nicht richtig aussprechen. Das hatte ihn ungemein genervt. Seinen echten Namen bekam jeder problemlos über die Lippen und niemand kannte hier und heute seine damalige Band. Niemand brachte ihn mit dem Rockstar aus 1990ern Jahren in Verbindung. Bloß einmal hatte ein dicker, krebsroter Tourist lachend gerufen; »Kurt Cobain heißt du? Wie der Typ von Nirvana! Das ist ja cool.« Kurt hatte einfach mitgelacht.

Er kam schon lange nicht mehr jeden Tag an den Strand von Pig-Island. Und Touristen fuhr er sowieso nicht mehr her. Das war ihm einfach zu mühsam geworden. Sogar Mister Jayden fühlte sich dafür zu alt. Dabei war er zwanzig Jahre jünger als Kurt.

Unter ein paar Palmen, die sanft ihre Blätter im warmen Wind bewegten, sah er eine Schweinerotte. Gemütlich lagen die Tiere im schneeweißen Sand und lauschten andächtig, wie Jesus ihnen predigte. Ein paar der Tiere hatten eine verblüffende Ähnlichkeit mit Elvis. Möglicherweise waren das ihre Enkel. Oder sogar ihre Urenkel?

Ja, es war viel Zeit vergangen, seit Elvis hier ihr Glück gefunden hatte. Viel war seit damals geschehen. Ein verrückter amerikanischer Präsident hatte den dritten Weltkrieg vom Zaun gebrochen. Angeblich bloß, weil er sauer war, beim Golfspiel verloren zu haben. Durch diese Kinderei hatte er beinahe das Leben auf dem gesamten Planeten vernichtet. Doch die Natur und die Menschheit hatten sich wieder berappelt. Wer hätte das gedacht? Das Leben war zäh.

Sein nackter Fuß fühlte im Sand einen Gegenstand. Neugierig sah er nach, worauf er getreten war. Es war ein zerlöchertes Pupskissen. Nachdenklich hob er es auf. Müll fand man heutzutage selten am Strand.

Ein paar Wissenschaftlern war es vor Jahren gelungen, einen ganz besonderen Bakterienstamm zu züchten. Diese Kleinstlebewesen zersetzten unermüdlich Kunststoff. Sie waren ungeheuer fleißig und gefräßig. Ohne sie gäbe es heute in den Weltmeeren viel mehr Plastik als Fische. Sobald die Synthetikquote in den Gewässern sank, bildeten sich die Bakterien zurück. Und wenn der Plastikanteil anstieg, vermehrten sie sich und futterten, was das Zeug hielt. Eine tolle Erfindung.

Kurt ließ den Rollator stehen und stapfte durch den Sand auf Jesus und die Schweine zu. Er setzte sich schnaufend auf eine umgekippte Palme und kraulte einem fetten Schwein den Nacken.

»Wahrlich, liebe Brüder und Schwestern, ich sage euch, seht die Vögelein am Himmel und lauscht dem Frieden in euren Herzen …«

Kurt Cobain sah lächelnd zu Jesus. Meine Güte, was war der alt geworden. Und kein bisschen weise. Er plapperte noch den gleichen Unsinn wie damals. Doch heute hatte Kurt den Vorteil, dass er einfach seine Hörgeräte abschalten konnte. Sehr praktisch.

Merle und Sven hatten viel in der ehemaligen Schweinemastanlage zu tun. Merle war inzwischen 84 Jahre alt, was sie nicht davon abhielt, weiterhin die verschiedensten Tiere bei sich aufzunehmen. Zu dem Elefanten waren ein paar neue Schweine und Ziegen gekommen. Auch ein Papagei lebte wieder unter Wellensittichen und Zebrafinken in der großen Freiflughalle hinter dem Schweinestall. Diesmal war es ein roter. Neben all den Viechern sammelte sie neuerdings auch Senioren, die niemand mehr haben wollte. Das war eine sehr praktische Kombination, denn viele der alten Leute kümmerten sich mit Begeisterung um die Tiere. Merle hatte immer etwas zu tun. Sie mistete die Ställe aus, bereitete das Futter zu, führte Gäste durch die ehemalige Schweinemastanlage und pflegte die Senioren. Dabei spielte es keine Rolle, dass einige von ihnen um etliche Jahre jünger waren als sie.

An Merles Seite lebte Sven. Er war 88 Jahre alt. Wenn seine von Arthritis geplagten Gelenke schmerzten, grinste er selig. Er empfand es immer noch als Geschenk, Schmerzen spüren zu können. Von seiner Merle war er noch fasziniert wie am ersten Tag. Sie sollte in seinem Herzen immer eine echte Königin bleiben. Die wunderbare Merle, die herrenlose Tiere und verstoßene Senioren sammelte wie andere Leute alte Vasen oder Modelleisenbahnen, die großartige Merle, die ihn manchmal auf eine Weise anlächelte, wie niemand sonst ihn je angelächelt hatte.

Andreas Mundt

Ein Fisch im Urwald

Unglaubwürdige Geschichten

204 Seiten
Taschenbuch, Format 14 x 22 cm
14,90 Euro
ISBN 978-3-95494-121-6

Wenn man am frühen Morgen beinahe in ein schwarzes Loch tritt, kann einem der Tag ziemlich durcheinandergeraten. Aber das bedeutet weiter nichts, denn Menschen sind zuweilen bloß Tiere und manchmal aus Holz.

Wir begegnen einer tanzenden Kuh und einer Elfe aus Porzellan. Außerdem erfahren wir, wie leckere Plätzchen für Aufruhr und Krawall sorgen können. Und plötzlich bleibt die Zeit stehen.

Die Erzählungen in diesem Buch sind bunt und skurril – fantastisch und sonderbar – verblüffend und absurd

... und natürlich unglaubwürdig.